ARTE/EDUCAÇÃO MODERNISTA E PÓS-MODERNISTA

I11a   Iavelberg, Rosa.
            Arte/educação modernista e pós-modernista : fluxos na sala de aula / Rosa Iavelberg. – Porto Alegre : Penso, 2017.
            200 p. : il. ; 23 cm.

            ISBN 978-85-8429-105-2

            1. Educação Artística. 2. Arte moderna. 3. Arte pós-moderna. I. Título.

CDU 37.015.311

Catalogação na publicação: Poliana Sanchez de Araujo – CRB 10/2094

ARTE/EDUCAÇÃO MODERNISTA E PÓS-MODERNISTA

FLUXOS NA SALA DE AULA

ROSA IAVELBERG

2017

© Penso Editora Ltda., 2017

Gerente editorial: Letícia Bispo de Lima

Colaboraram nesta edição:

Editora: Paola Araújo de Oliveira
Preparação de originais: Andre Luiz Rodrigues da Silva
Leitura final: Grasielly Hanke Angeli
Capa: TAT Studio
Imagem de capa: Vyaseleva Elena/Shutterstock.com
Projeto gráfico e editoração: TIPOS – design editorial e fotografia

Reservados todos os direitos de publicação à
PENSO EDITORA LTDA., uma empresa do GRUPO A EDUCAÇÃO S.A
Av. Jerônimo de Ornelas, 670 – Santana
90040-340 – Porto Alegre – RS
Fone: (51) 3027-7000 Fax: (51) 3027-7070

SÃO PAULO
Rua Doutor Cesário Mota Jr., 63 – Vila Buarque
01221-020 – São Paulo – SP
Fone: (11) 3221-9033

SAC 0800 703-3444 – www.grupoa.com.br

É proibida a duplicação ou reprodução deste volume, no todo ou em parte, sob quaisquer formas ou por quaisquer meios (eletrônico, mecânico, gravação, fotocópia, distribuição na Web e outros), sem permissão expressa da Editora.

IMPRESSO NO BRASIL
PRINTED IN BRAZIL

AUTORA

Rosa Iavelberg é Professora Livre-docente da Faculdade de Educação da Universidade de São Paulo (USP), Especialista em Arte/Educação I e II, Mestre em Educação e Doutora em Artes pela USP. Foi diretora do Centro Universitário Maria Antonia/USP de 2006 a 2009. Participou da coordenação e elaboração dos Parâmetros Curriculares Nacionais de Arte do Ensino Fundamental de 1ª a 4ª séries na Secretaria de Educação do Ensino Fundamental do Ministério da Educação (1996-2000) e da elaboração de 5ª a 8ª séries.

Atua na formação de professores de arte na Educação Escolar e Social, e também em assessorias a projetos e currículos na área de Arte.

É líder do grupo de pesquisa Formação de Educadores em Arte (CNPq).

Pela Artmed, é autora do livro *Para gostar de aprender arte: sala de aula e formação de professores* (2003).

A Sofia, Júlia, Lucas e Martim, meus netos, alegrias da vida.

Meu agradecimentos à Tatiana Tatit Barossi, pelo trabalho competente de tratamento e inserção das imagens.

Com a perda da tradição, perdemos o fio que nos guiou com segurança através dos vastos domínios do passado; este fio, porém, foi também a cadeia que aguilhoou cada sucessiva geração a um aspecto predeterminado do passado. Poderia ocorrer que somente agora o passado se abrisse a nós com inesperada novidade e nos dissesse coisas que ninguém ainda teve ouvidos para ouvir. Mas não se pode negar que, sem uma tradição firmemente ancorada – e a perda dessa firmeza ocorreu muitos séculos atrás –, toda a dimensão do passado foi também posta em perigo. Estamos ameaçados de esquecimento, e um tal olvido – pondo inteiramente de parte os conteúdos que se poderiam perder – significaria que, humanamente falando, nos teríamos privado de uma dimensão, a dimensão de profundidade na existência humana. Pois memória e profundidade são o mesmo, ou antes, a profundidade não pode ser alcançada pelo homem a não ser por meio da recordação.

Hannah Arendt

SUMÁRIO

	INTRODUÇÃO	11
1	ANTECEDENTES DA EDUCAÇÃO E DA ARTE/EDUCAÇÃO MODERNA NO BRASIL	15
2	A ARTE DA CRIANÇA E DO JOVEM NA ESCOLA MODERNA	25
3	A ARTE DA CRIANÇA E DO JOVEM NA ESCOLA PÓS-MODERNA	115
4	ARTE/EDUCAÇÃO MODERNA E CONTEMPORÂNEA	167
5	CONSIDERAÇÕES FINAIS	179
	REFERÊNCIAS	187

INTRODUÇÃO

Trabalho com arte na educação desde 1972. Tal fato foi mobilizador deste livro, cujo conteúdo envolve escolhas do percurso como arte-educadora e formadora de professores. Foram selecionados pensadores modernistas* e pós-modernistas da arte/educação. Os teóricos envolvidos se destacam por sua importância na área; estudamos e praticamos suas ideias em sala de aula junto com crianças e jovens de 3 a 17 anos e, também, na formação de professores.

Uma mudança de paradigma em relação à arte da infância e da adolescência sucedeu na passagem do modernismo ao pós-modernismo, transformando a visão de ensino e aprendizagem em arte. Foi focada a arte da criança e do adolescente, dita autoral e genuína. Ao interpretar essa passagem, orienta-se à hipótese de que transformação, permanência, superação e inovação marcam a visão dos autores pós-modernistas em relação aos modernistas, considerando que, nos textos dos primeiros, estão enunciados devires e pensamentos da arte/educação pós-modernista. A compreensão de fluxos entre os períodos exigiu aprofundamento nos textos de cada um.

No começo do século XX, deu-se início à documentação de conjuntos de produções artísticas de crianças e jovens a partir de trabalhos em contextos educativos de livre expressão, prática da educação modernista em arte. Isso permitiu observar que as concepções de arte, educação, arte infantil e do adolescente de cada época afetam a produção artística dos alunos. Assim, ao longo desta obra, será apresentada uma pequena "história da arte da criança

---

* Educação moderna em arte será considerada aquela que teve vigência de meados do século XIX até os anos 1980. A arte/educação pós-moderna ou contemporânea ocorre mais efetivamente dos anos 1980 até nosso tempo, seguindo a datação usada entre os autores que abordaremos neste livro. As terminologias moderna (época) ou modernista (movimento) e contemporânea (época) ou pós-modernista (movimento) serão usadas sempre para a arte/educação.

e do jovem", por intermédio de imagens de suas produções artísticas ligadas ao tempo e aos diferentes contextos de criação, moderno e contemporâneo, associados, respectivamente, à escola renovada e à construtivista. Essas imagens apoiarão a leitura dos textos de arte/educação.

Para discorrer a respeito da transformação das ideias sobre a arte da criança e do jovem, seu ensino e aprendizagem, o pensamento vigente a partir do século XX, com exceção a um autor de 1848, será apresentado. Recorre-se algumas vezes à interpretação de outros autores sobre as ideias dos arte-educadores modernistas e pós-modernistas selecionados para a pesquisa.

Portanto, o texto perpassa teorias e práticas da minha trajetória profissional em arte/educação e, em função de ter trabalhado desde os anos 1970 na área, atravessamos a arte/educação modernista e a pós-modernista.

A investigação em arte/educação em recortes históricos colabora na formação dos professores e na escrita de currículos por equipes de educadores das escolas e redes. Professores e gestores poderão conhecer a articulação entre práticas e teorias da arte/educação na atualidade. E, para que essa articulação seja profunda, é preciso ir além, conhecendo ideias e práticas importantes, por sua representatividade na história do ensino da arte, relacionando os itens da estrutura curricular modernista e pós-modernista. Sabe-se que não se criam novas proposições educacionais a partir do vazio, daí vem a tentativa de trazer ideias de autores modernistas da arte/educação que deram base à pós-modernista para valorizar e pontuar os fluxos entre os dois períodos.

Assim, almeja-se delinear o valor do estudo das duas tendências pedagógicas que se sucederam na história, para que seja possível apreender e situar as proposições atuais da arte/educação em nosso país, que têm reflexos nas ideias sobre currículo e na formação de professores de arte.

Além disso, será abordada a passagem da tendência modernista à pós-modernista da arte/educação, afirmando que ela ocorreu, de um lado, por continuidades (transformações e permanências) e, de outro, por descontinuidades (superações e inovações).

Este livro abrange, principalmente, análise e reflexão, mas também contextualização de textos de autores precursores, coetâneos e sucessores de Viktor Lowenfeld, arte-educador que foi um marco da modernidade e pensador destacado do século XX na área de artes visuais, citado e reconhecido pela maioria dos autores da arte/educação junto a crianças e jovens, a quem será dado destaque. Suas ideias marcaram meu ingresso na arte/educação, pois o estudei desde 1969, e suas proposições foram praticadas em sala de aula a partir de 1972 na Escola Criarte e, depois, na Escola da Vila, que a sucedeu, até o final dos anos 1980, quando passei a trabalhar no paradigma pós-modernista. Além disso, Lowenfeld é reverenciado por sua relevância entre pensadores e arte-educadores modernistas e pós-modernistas. Por isso, seu pensamento será um porto importante de idas e vindas na análise dos textos dos dois movimentos da arte/educação e das relações que pretendo encontrar entre eles.

Detive-me, também, no pensamento de dois arte-educadores modernistas, precursores do trabalho de Lowenfeld: Rodolphe Töpffer (1799-1846) e Franz Cižek (1865-1946). O primeiro, artista e arte-educador suíço, escreveu os primeiros textos de valorização da arte espontânea de crianças e jovens. Töpffer elaborou dois capítulos sobre o tema, que foram publicados em 1858, depois de sua morte, e deles trataremos para analisar e refletir sobre suas afirmações. Franz Cižek, artista e arte-educador austríaco, pioneiro da arte/educação moderna documentada, é reconhecido como "pai" da livre expressão. Cižek foi celebrado e também criticado por estudiosos da arte/educação, como Thomas Munro (1956), Arthur Efland (c1990) e Elliot Eisner ([1972], 2004), por não ter promovido tanta liberdade de expressão quanto afirmou.

O pensamento e a prática de Cižek serão abordados por intermédio de textos de Wilhelm Viola (1936, [1944]) e Francesca Wilson (1921), que escreveram sobre seu trabalho. Na publicação de 1936, Viola incluiu imagens da produção artística dos alunos de Cižek e do espaço da escola em que a experiência foi desenvolvida. Viola (1936) também apresentou depoimentos de participantes da escola, tanto de pares de Cižek como do próprio arte-educador. Recorri ainda a um texto do próprio Cižek (1910), pouco citado na literatura da área.

Os coetâneos de Lowenfeld serão tratados ao longo dos capítulos, sem que sejam dedicados itens específicos a eles, com exceção feita a Arno Stern (1961, 1962, 1965), porque foi muito lido no mesmo período de Lowenfeld em nosso país, e a Thomas Munro (1956), pelo fato de ter sido crítico da arte/educação modernista em seu próprio tempo. Entre outros coetâneos do autor, são citados Georges Rouma ([1947]), Georges-Henri Luquet (1969), Rhoda Kellogg (1969) e Florence de Mèredieu (1979).

Já os autores que sucederam Lowenfeld, que serão analisados e compõem o conjunto pós-modernista, são: Ana Mae Barbosa (1986, 1991), Ana Mae Barbosa e Heloisa Sales (1990), Brent Wilson, Marjorie Wilson e Al Hurwitz (2004), John Matthews (2003) e Elliot Eisner ([1972], 2004). Os projetos a serem analisados por comporem a Proposta Triangular da professora Ana Mae Barbosa são: o *Critical Studies*, inglês, o *Discipline-Based Art Education,* norte-americano, e as *Escuelas al Aire Libre,* mexicanas. Outras autoras brasileiras abordadas ao longo do texto, sem item específico, são Maria Heloisa C. T. Ferraz e Mariazinha F. de R. e Fusari (2009).

As concepções de criança e de jovem serão tratadas por intermédio das formulações sobre o tema presentes nos textos dos autores da arte/educação aqui abordados. Optou-se por não recorrer a estudiosos da infância, pois considerou-se que essas ideias foram suficientemente trabalhadas pelos escritos dos arte/educadores estudados para os propósitos deste livro.

A análise e a reflexão sobre as concepções didáticas nos textos e nas imagens apresentadas foram orientadas pelo referencial teórico-metodológico alimentado pelas proposições construtivistas, que indicaram a relação entre o ensino e a aprendizagem por intermédio da epistemologia genética de Piaget e das teorias de pensadores com ela afinados.

Optou-se pela tradução dos textos dos autores analisados para não se criar um número excessivo de notas ou anexos, tornando a leitura árdua, dada sua quantidade e extensão determinada pela natureza dos objetos da investigação.

Perpassarei os textos dos autores dos dois momentos em questão e me deslocarei entre eles, com balizas para orientar o meu percurso: a arte da criança e do jovem; o ensino e a aprendizagem em arte; o papel do professor, do aluno e o da arte na educação. Tais delineamentos ajudaram a compor a análise dos fluxos entre os dois períodos, que, por fim, será sintetizada a partir dos itens curriculares, ou seja, que ordenam o desenho curricular: objetivos, conteúdos, orientações didáticas e avaliação. Não se trata, portanto, de analisar currículos de arte, mas de tematizar itens de sua estrutura nos dois momentos históricos.

Em relação aos autores de leitura de imagem, pertinentes à arte/educação pós-modernista, priorizei, entre outros pensadores e textos tratados, um texto de Abigail Housen (2011), cuja abordagem é construtivista. Além disso, suas proposições foram praticadas em sala de aula e na formação continuada de professores de arte.

O que as teorias modernas da arte/educação têm a nos dizer hoje? O que delas foi superado ou preservado? O que foi ressignificado diante dos avanços da arte/educação junto a crianças e jovens? Quais são as inovações da pós-modernidade na área? Essas são algumas das questões que tentaremos responder ao longo desta obra.

A leitura deste livro ampliará a visão da arte na educação escolar e vai reiterar a importância da consciência histórica sobre o caminho do ensino na área. Tal percurso foi construído por protagonistas que sistematizaram e, em alguns casos, registraram, de diferentes maneiras, suas práticas e reflexões, deixando um legado para as gerações vindouras de arte-educadores e profissionais da educação.

ANTECEDENTES DA EDUCAÇÃO E DA ARTE/EDUCAÇÃO MODERNA NO BRASIL

1

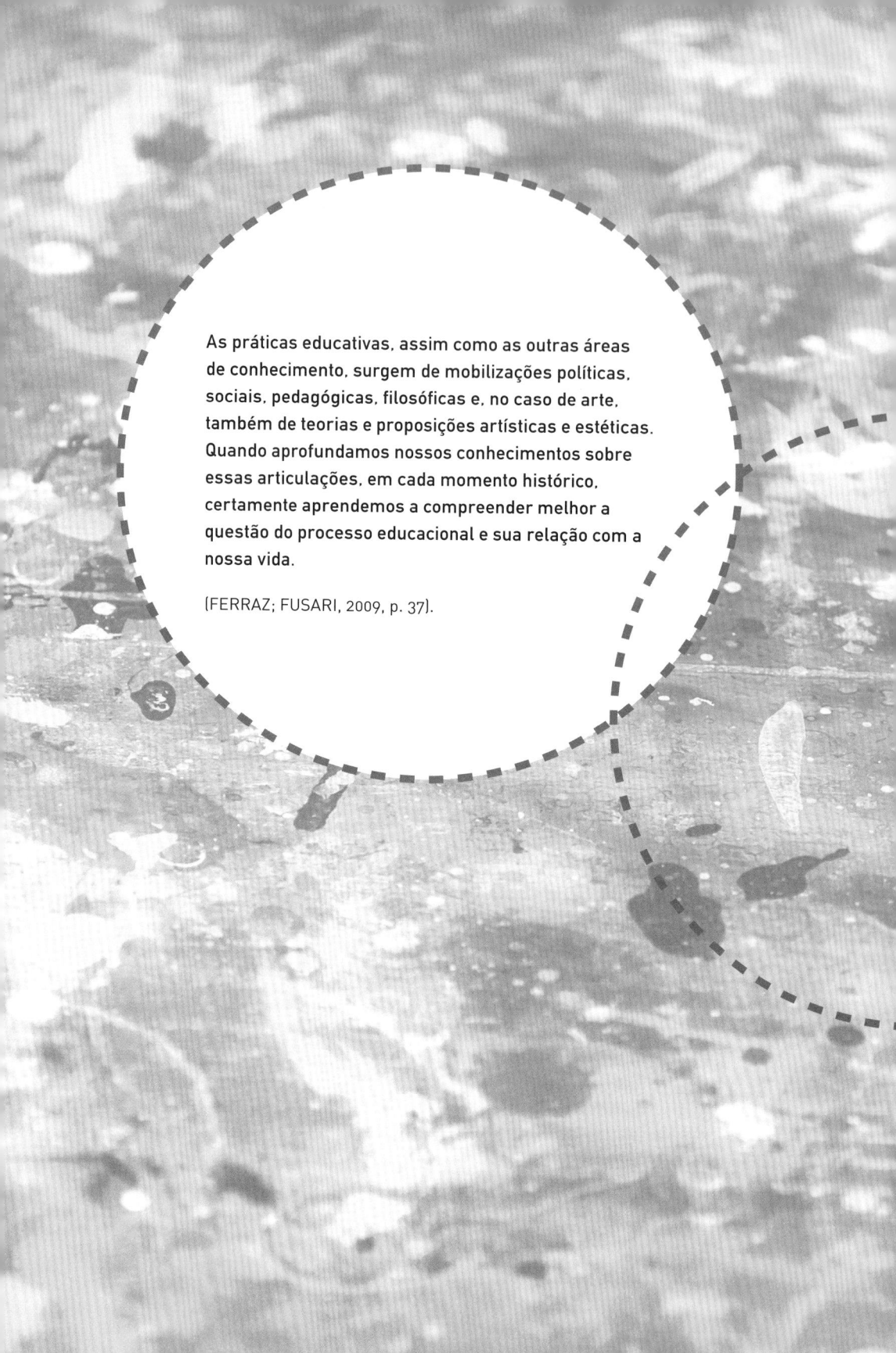

As práticas educativas, assim como as outras áreas de conhecimento, surgem de mobilizações políticas, sociais, pedagógicas, filosóficas e, no caso de arte, também de teorias e proposições artísticas e estéticas. Quando aprofundamos nossos conhecimentos sobre essas articulações, em cada momento histórico, certamente aprendemos a compreender melhor a questão do processo educacional e sua relação com a nossa vida.

(FERRAZ; FUSARI, 2009, p. 37).

Este capítulo apresenta os marcos educacionais que antecederam a arte/educação modernista no Brasil – para depois introduzir os períodos abordados na minha investigação –, que serão pensados para além das ocorrências em nosso país, mas que permitem esclarecer a origem de parte das ideias e práticas aqui assimiladas e as influências estrangeiras. Para os propósitos deste capítulo, foram selecionados pensadores da cultura brasileira, da arte/educação, da educação e da formação de artistas que estudaram os períodos anteriores à arte/educação modernista.

O ENSINO DOS JESUÍTAS

O ensino jesuíta permeou as escolas brasileiras de 1559 a 1759.

> No ano da expulsão dos jesuítas do Brasil (1759), os alunos dos colégios, seminários e missões da Companhia de Jesus estavam muito longe de atingir 0,1% da população brasileira. O único

ensino formal existente no Brasil até meados do século XVIII era o oferecido pelos padres da Companhia de Jesus e ele foi altamente elitista, só atendendo a uma ínfima camada de jovens brancos, proprietários, de famílias da elite colonial, além de introduzir nas primeiras letras e no catecismo elementar as crianças índias das aldeias jesuítas. Plasmaram gerações, que foram se estendendo aos mestiços. Brancos e mestiços letrados iriam formar a incipiente e restrita superestrutura da sociedade brasileira. (MARCÍLIO, 2005, p. 3).

A orientação da pedagogia jesuítica foi determinada pelo sistema educacional do *Ratio Studiorum*, segundo o qual cada grupo de alunos seguia seus estudos com um mesmo mestre, propondo o que nomeavam, à época, unidade do professor, que usava a mesma metodologia dos demais professores (GHIRALDELLI JR., 1994, p. 20).

Seguindo diversos estudos, Marcílio (2005, p. 7, nota 20) assim se referiu ao *Ratio Studiorum*:

O *Ratio Studiorum* organizou o ensino em classes, horários, programas e instituiu rigorosa disciplina nos colégios, fundada no afeto e compreensão, mais do que em castigos físicos tão do gosto da época. Haveria seis anos de *studia inferiora*, dividido em seis cursos (três de gramática, um de humanidades, um de poesia, um de retórica); mais três anos de *studia superiora* de filosofia (lógica, física e ética); um ano de metafísica (matemática superior, psicologia). Após esses anos, estavam previstos uma *repetitio generale* e um período de prática de magistério. Finalmente, mais quatro anos de estudo de teologia.*

No período anterior ao *Ratio Studiorum*, proposto em 1559, mas aprovado pela Companhia de Jesus só em 1599, durante aproximadamente 50 anos, pode-se analisar a educação ocorrida, que não foi preconcebida, mas criada pela experiência dos religiosos junto à população de crianças.

* Ver, entre outros, Manacorda (1997, p. 219).

ARTE/EDUCAÇÃO MODERNISTA E PÓS-MODERNISTA

Em 1599 funcionavam as "casas do bê-a-bá". Ler e escrever eram importantes para a prática da fé cristã e conversão das crianças dos povos indígenas. Tais práticas educativas eram invenção anterior às regras do *Ratio*, afeitas à realidade da época. No período, o teatro era praticado em autos por intermédio de textos teatrais (FERREIRA JR.; BITTAR, 2004).

O viés da memorização era utilizado na aprendizagem, e o catecismo, decorado em versões dialogadas. A educação musical teve seu lugar como necessidade à participação nos cultos religiosos e na aprendizagem da doutrina cristã. Já o teatro, visava à catequese e ainda cumpria com o objetivo de imposição do padrão linguístico português sobre os demais idiomas.

"O ensino musical era de suma importância não só para o aprendizado da doutrina, mas também para a participação nas mais variadas formas da vida religiosa" (CHAMBOULEYRON, 1999, p. 65).

Já o *Ratio Studiorum*, que ordenou a pedagogia da Companhia de Jesus efetivamente a partir de 1599, orientava-se à formação das classes dirigentes, e as orientações didáticas primavam pela disciplina rígida e a obediência.

> Foram ainda os jesuítas que representaram, melhor de que ninguém, esse princípio de disciplina pela obediência.
>
> [...]
>
> Nenhuma tirania moderna, nenhum teórico da ditadura do proletariado ou do Estado totalitário, chegou sequer a vislumbrar a possibilidade desse prodígio de racionalização que conseguiram os padres da Companhia de Jesus em suas missões. (HOLANDA, 1998, p. 39).

Ana Mae Barbosa, em seu livro *John Dewey e o ensino de arte no Brasil* (2001a, p. 41), sintetiza com muita propriedade, em um quadro, aspectos importantes desse período:

> Arte/educação
> 1549-1808
> Desenvolvimento de um modelo artístico nacional baseado na transformação do barroco jesuítico vindo de Portugal. Período caracterizado pelo ensino em oficinas de artesãos.

Educação geral
1579-1759
Dominação jesuítica, "paideuma" portuguesa

1759-1808
Primeiras tentativas da Reforma de Pombal (influenciada pelo Iluminismo).

A Companhia de Jesus foi responsável por 210 anos de educação no Brasil e, em 1759, os padres deixaram a Colônia mediante expulsão realizada pelo Marquês de Pombal, então primeiro-ministro de Portugal de D. José I.

ENSINO DE ARTE NOS SÉCULOS XVIII E XIX

A Reforma de Pombal introduziu a escola pública no Brasil. Sem o preparo e a organização das escolas jesuíticas, sem uma ordenação geral a reger o currículo, um professor único se responsabilizava por aulas régias em cada disciplina, e os alunos nelas se matriculavam.

Para Ana Mae Barbosa (1986), a história do ensino da arte no Brasil foi marcada pela dependência cultural. O barroco como tendência europeia era praticado em oficinas na Bahia, em Minas Gerais e em Pernambuco, com marca nacional sob orientação de um mestre.

Nesse contexto, afirma Barbosa (1986), a primeira experiência de aula régia de desenho e figura, ministrada por Manoel Dias de Oliveira, não interferiu nas oficinas, então modalidades de educação popular.

Oliveira (1763-1837), pintor, gravador, escultor, professor e ourives brasileiro com formação em Portugal e na Itália, retornou ao Brasil e, em novembro de 1800, no final do Brasil Colônia, quando passou a ser regente na Aula Régia de Desenho e Pintura, rompeu com a didática da cópia e propôs o desenho do natural a partir do modelo vivo (ITAÚ CULTURAL, c2017).* Para Saviani (2005), a orientação pedagógica introduzida pelas reformas de Pombal ainda

---

* Disponível em: <http://enciclopedia.itaucultural.org.br/pessoa23864/manuel-dias-de-oliveira>. Acesso em: 7 nov. 2009.

foram levadas por religiosos, de ordens diferentes das anteriores. As disciplinas avulsas ou aulas régias eram ministradas por professores nomeados e pagos pela Coroa portuguesa e seguiram até 1834.

As escolas primária e secundária leigas e gratuitas foram instituídas com foco em ler, escrever e contar e tinham a doutrina cristã como estudo básico. Os alunos que iam à Universidade de Coimbra tinham mais um ano de ética, retórica e filosofia. As meninas ficaram de fora da escola pública e não frequentavam as escolas jesuíticas, sendo incluídas na educação pública de forma regular em 1827 (MARCÍLIO, 2005, p. 21-22).

MISSÃO FRANCESA

Em 1740 foi fundada em Paris a primeira Escola de Artes e Ofícios. Com a vinda da família real ao Brasil, fundou-se, no Rio de Janeiro, em 1816, a Escola Real das Ciências, de Artes e Ofícios, de orientação neoclássica.

A missão coordenada por Joaquim Le Breton, segundo Walter Zanini (1983, p. 383-384), trouxe para o Brasil

> [...] um sistema de ensino em academia, ainda inexistente na própria metrópole lusa, que não havia atingido este estágio de educação e representatividade artísticas, que no século XVII já se generalizara em tantas cidades europeias de importância, ampliando-se no século XVIII, mas não chegando a Portugal.
>
> [...]
>
> Realmente predominaram na época colonial os dois sistemas: o da arte feita por escravos, mestiços ou homens humildes, em nível de artesanato mecânico, e o da arte elaborada por monges e irmãos religiosos em estrutura herdada da Idade Média e baseada no respeito à fé. O valor do artista como homem livre numa sociedade de cunho burguês implantou-se aqui muito mais rapidamente do que teria sido de esperar – dada a realidade brasileira – devido à vinda da Missão Francesa com sua expressão de elite (às

vezes elite revolucionária) bem ou mal compreendida, todavia progressivamente aceita pelas nossas classes dirigentes.

Em arte, a cópia de modelos e o treino de habilidades eram duas orientações reiteradas. O ensino do desenho em modalidades técnicas e artísticas regeu as orientações propostas. Os métodos de ensino em arte aproximavam-se da orientação acadêmica, o domínio técnico em si era mais importante do que a expressão artística, o virtuosismo distanciava o aprendiz de um possível plano espontâneo ou pessoal em suas efetuações. Segundo Barbosa (2001a), nas escolas secundárias o retrato e a cópia eram recorrentes, principalmente de estampas.

ORIGENS E INFLUÊNCIAS DO ENSINO MODERNO DE ARTE EUROPEIA NO BRASIL

As orientações do ensino moderno em escolas de arte europeias para adultos, como a Bauhaus (casa de construção), influenciaram sobremaneira, segundo Ana Mae Barbosa (1986), a passagem das orientações de ensino do desenho como técnica para orientações do desenho como arte no Brasil, principalmente depois da Segunda Guerra Mundial, firmando-se em bases inaugurais desde o século XIX.

Rainer Wick, em seu livro *Pedagogia da Bauhaus* (1989), no qual passaremos a apoiar o texto a seguir, discorre sobre as transformações na relação entre ensino e aprendizagem em arte ao longo da história. Cita, por exemplo, as corporações medievais do fim do século XII e do século XIII, formadas por artistas e artesãos com o objetivo de construir, por exemplo, uma igreja com regras impostas ou aceitas por quem encomendava a obra.

Segundo Wick (1989), as *Bauhutten* (comunidades de trabalho) que existiam na Alemanha tinham um rígido sistema hierárquico, e as suas funções eram bem definidas: mestre de construção, mestre de outras modalidades de artesanato, aprendizes e ajudantes. O trabalho individual era totalmente submisso às exigências do trabalho artístico coletivo.

O fundamento didático de base era que artistas e artesãos aprendiam com o mestre na prática, sem orientação demarcada e dependente do princípio proposto e, por imitação, aprendiam fazendo. A reorientação de tais bases didáticas ocorreu no século XIV, quando a burguesia urbana, o clero e a nobreza consolidaram-se como interessados na arte. Os pintores e os escultores, até então associados às comunidades de trabalho, passaram a se organizar de modo autônomo e, como outros artesãos, reuniram-se em corporações.

A orientação pedagógica nas corporações vislumbrava uma formação ligada à prática seguindo as tarefas a serem executadas. Ainda não se pode falar em personalidade artística, apenas em liberdade dos mestres. Os membros das corporações agindo de forma autônoma foram os precursores do artista moderno independente.

A separação da ideia medieval entre prática e aprendizagem só começou a se modificar com a diminuição da presença das corporações de ofício. Aos poucos, a formação artística mudou das oficinas das corporações para os institutos de aprendizagem, ou seja, as academias.

No fim do século XV, em Florença, as academias predominaram como local de encontro cultural, intelectual e de formação de artistas e de jovens talentos como, por exemplo, Michelangelo. As orientações do ensino eram diferentes das oficinas de corporações; nas academias, além das oficinas práticas, existiam aulas teóricas complementares de geometria, perspectiva e anatomia.

Na Academia de Paris, pode-se observar a orientação didática pelo programa proposto:

1º – desenhar a partir de outros desenhos
2º – desenhar a partir de modelos de gesso
3º – desenhar a partir de modelos vivos

Como se sabe, artistas na vanguarda de seu tempo, como Delacroix, Courbet e os impressionistas, resistiram às orientações didáticas da academia. Na Alemanha, o Romantismo foi corrente de resistência à academia, identificada pelos representantes da abertura ao moderno como restrição à liberdade artística. Desde então, essa formação é concebida como rígida, conservadora e distante da vida.

No século XIX, surgiram as Escolas de Artes e Ofícios. Com a mecanização, objetos sem qualidade foram produzidos em série, e as escolas tentaram recuperar o valor dos artesãos, com orientações didáticas com base na prática, em vez da cópia. Um passo para o ensino modernista.

A ARTE DA CRIANÇA E DO JOVEM NA ESCOLA MODERNA

2

O final do século XIX é considerado como o marco do desenvolvimento e da valorização da espontaneidade dos desenhos realizados pelas crianças, tão admirados pelos artistas do movimento modernista.

(COLA, 2014, p. 22).

A arte/educação na escola moderna, ativa ou renovada, tem origem no pensamento pedagógico, mas também na prática de ensino de arte-educadores com crianças e jovens. Todos os modernistas que abordarei criticaram os métodos acadêmicos de ensino de arte da escola formal e tiveram a lucidez de produzir e socializar seus pensamentos e, no início do século XX, também suas ações e os trabalhos dos alunos que foram registrados e divulgados. Essa prática teve como intenção defender as crianças das práticas artísticas escolares mecânicas, repetitivas e passivas da escola tradicional, tendo em vista que os métodos tradicionais tinham propósitos alheios às tendências da arte, da educação e da concepção moderna sobre esse público. Os arte-educadores modernistas enalteceram a produção artística espontânea da criança para libertar seus atos criativos e, assim, a arte infantil ganhou existência e validação na educação. A mudança de paradigma da cultura da tradição para a cultura moderna na educação escolar teve início no século XVIII.

De meados do século XVIII até o mesmo período do século XIX, a perspectiva de arte da criança de Rousseau (1712-1778) e de seu discípulo Pestalozzi (1746-1827) influenciou Herbart (1776-1841) e Fröebel (1782-1852), pedagogo alemão pioneiro a discorrer sobre o valor da arte na educação escolar do ponto de vista estético. Os caminhos iniciais da pedagogia moderna transformaram o que era pensado na educação das crianças até então, ganhando uma lógica própria marcada por suas necessidades e seus interesses, cujas propostas educativas ainda eram distantes das alcançadas nos séculos XIX (TÖPFFER, 1858) e XX (CIŽEK, 1910; LOWENFELD, 1961).

Os métodos pioneiros da educação moderna em arte eram compostos por regras rígidas, com ações planejadas passo a passo, de ordem exógena, para as crianças agirem. Os percursos propostos nas salas de aula não eram coerentes com a concepção da criatividade da infância defendida pelos teóricos da arte na educação do século XVIII até meados do século XIX (KELLY, 2004).

Rousseau (1712-1778), filósofo suíço, acreditava que o desenho era importante na educação das crianças por coordenar as atividades entre o olho e a mão. Antes disso, o desenho cabia aos artistas, aos engenheiros e aos construtores. Os passos eram planejados para que todas as crianças pudessem se apropriar do desenho, mas os esquemas da ação eram rígidos, com uma didática com foco no professor, que conduzia a aprendizagem do desenho passo a passo.

A simples coordenação do olho e da mão para desenhar, como uma habilidade técnica requerida, hoje se sabe, é falsa, pois a coordenação dos esquemas do olhar e da preensão é parte da ação artística da criança que articula movimentos e o equilíbrio do corpo todo (LOWENFELD, 1961; MATTHEWS, 2003). Além disso, quando o corpo todo age para desenhar (PIAGET; INHELDER, 1994), opera diversos domínios sensório-motores, cognitivos e afetivos (MEIRIEU, 1998).

Tais propostas foram muito transformadoras, pois propiciaram a saída do desenho de cópia de estampas na sala de aula e introduziram jogos organizados e a modalidade do desenho a partir da natureza, que tinha traços mais artísticos.

Gadotti (1999) afirma que Fröebel influenciou a obra de Dewey, filósofo norte-americano responsável pela renovação do ensino. As ideias de Dewey mudaram o papel da arte na educação norte-americana e tiveram muita influência no Brasil (BARBOSA, 2001a). Ele associou a arte da criança a modos de criação que transitam por experiências específicas, que envolvem completamente o sujeito da ação e passam por ritmos e sequências até que se consolidem como uma experiência *consumada e singular*. Essa experiência é ponto de partida para novas experiências da mesma natureza, de criação. Esse "aprender fazendo", máxima do pensamento deweyano, mobilizado pela própria criança diante da materialidade dos objetos artísticos que cria, ressignifica o papel do professor, agora apenas um incitador que acompanha e orienta, sem conduzir os processos inerentes à experiência artística.

No livro *Arte como experiência* (DEWEY, 2010), publicado em inglês em 1934 e em português em 2010, Dewey define a *experiência singular*, que é vivida e tem um sentido vital para quem aprende, e a diferença das experiências genéricas, que são, segundo o autor, da ordem da dispersão e da distração.

> Em contraste com esta experiência, temos uma experiência *singular* quando o material vivenciado faz o percurso até sua consecução. Então, e só então, ela é integrada e demarcada no fluxo geral da experiência proveniente de outras experiências. Conclui-se uma obra de modo satisfatório; um problema recebe sua solução; um jogo é praticado até o fim; uma situação, seja a de fazer uma refeição, jogar uma partida de xadrez, conduzir uma conversa, escrever um livro ou participar de uma campanha política, conclui-se de tal modo que seu encerramento é uma consumação, e não uma cessação. Essa experiência é um todo e carrega em si seu caráter individualizador e sua autossuficiência. Trata-se de *uma* experiência. (DEWEY, 2010, p. 109-110).

Para Dewey (2010), aprender é uma articulação entre a reflexão do sujeito e suas *experiências singulares*. O movimento entre experiência singular e reflexão tem um ritmo contínuo, e as paradas ocorrem por necessidade da ordem própria dessas experiências. Há um movimento ascendente de aprendizagem no qual cognição e ação criativa, experiências vitais e críticas, andam juntas. Em arte, processo e produto, portanto, seriam respectivamente movimento e consumação (finalização e não cessação). A percepção tem um papel importante diante da consumação, assim, a decisão intelectual está associada à prática criativa.

Dewey fala sobre processos criativos e envolvimento estético, ocorrências distintas de uma visão *espontaneísta* da arte infantil. Em sua concepção, a espontaneidade decorre de muito trabalho em arte e o *espontaneísmo*, *laissez-faire*, é esvaziado de expressão genuína da criança.

O que Dewey enfatiza é a *experiência singular* que segue seu curso até se completar. Nesse fluxo, diz o autor, às vezes outras experiências podem participar do movimento principal da experiência. Para ele, como vimos, a experiência pode ser de diversas ordens e não apenas artística, podendo ocorrer no cotidiano, em atos de comer, jogar, conversar, entre outros atos.

Realizar, refletir e consumar são contínuos na experiência singular e na ordem das experiências que se sucedem. Compreende-se a experiência singular como aquela que ocorre nos percursos de criação dos artistas e das crianças nos quais processos e produtos são encadeados nesse movimento de consumação e novo começo. Do ponto de vista filosófico, as ideias deweyanas vislumbravam um processo de trabalho criador vigoroso, não mecânico, individualizado, autoral, decorrente de muita dedicação, de caráter estético com a qualidade da *experiência singular,* realizado por indivíduos que, ao aprenderem dessa forma, preparavam-se para a participação política democrática visando à justiça social.

Essa perspectiva da liberdade individual, distinta de egoísmo, tida como arma contra a opressão, também compôs o pensamento modernista de Lowenfeld e do filósofo Herbert Read, seu contemporâneo, que compartilhou desses princípios em seu livro *Education Through Art* (1943). Os pensadores do ensino de arte na escola moderna validaram a educação por meio da arte, da autonomia, da criatividade e da livre expressão dos alunos. A proposta moderna visava a um futuro mais promissor com indivíduos sensíveis aos problemas dos demais e ao meio, almejando a participação democrática e a justiça social em contraposição a um mundo cada vez mais materialista e com oportunidades desiguais de desenvolvimento.

AUTORES MODERNOS: PRECURSORES DE VIKTOR LOWENFELD

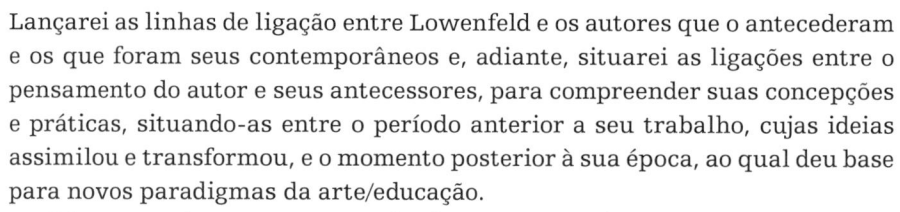

Lançarei as linhas de ligação entre Lowenfeld e os autores que o antecederam e os que foram seus contemporâneos e, adiante, situarei as ligações entre o pensamento do autor e seus antecessores, para compreender suas concepções e práticas, situando-as entre o período anterior a seu trabalho, cujas ideias assimilou e transformou, e o momento posterior à sua época, ao qual deu base para novos paradigmas da arte/educação.

Não pretendo esgotar o estudo de autores modernos que antecederam Lowenfeld, nem de seus pares modernistas ou de sucessores pós-modernistas, pois, como visto anteriormente, foram selecionados pensadores pertinentes à minha prática e às escolhas teóricas que fiz na vida profissional, considerando, ainda, sua relevância na comunidade mais ampla de arte-educadores. Além disso, decidi ter um porto em Lowenfeld porque seu pensamento foi um paradigma que marcou, com seus referenciais teóricos, as práticas de ensino de arte com crianças e jovens em muitos contextos educativos latino-americanos, nos Estados Unidos, na Europa e na Ásia, acompanhando as proposições da escola renovada, que se instalou a partir dos anos 1920.

RUDOLF TÖPFFER

Para analisar os autores que antecederam Lowenfeld e deram aulas de arte para crianças, deixando reflexões ou registros em bases modernas, voltarei no tempo em busca de Rudolf Töpffer (1799-1846), artista suíço, diretor de escola, caricaturista e ilustrador de histórias infantis, muito citado nos textos dos teóricos da arte/educação e a quem se atribui a criação das histórias em quadrinhos. Preferi ir direto ao texto original de Töpffer (1858)* porque foi ele o primeiro a escrever dois capítulos sobre arte infantil em seu livro *Réflexions et menus propos d'un peintre genevois ou essai sur le beau dans les arts* (*Reflexões e cardápio de intenções de um pintor de Genebra ou ensaio sobre o belo nas artes*), publicado 12 anos depois de sua morte. Os títulos desses capítulos são "Onde se trata de pequenos bonecos" (Cap. XX) e "Onde se vê por que o aprendiz de pintor é menos artista que o moleque de rua que ainda não é aprendiz" (Cap. XXI). O livro internamente reúne sete livros, e os capítulos XX e XXI pertencem ao sexto livro (*Livre Sixième*).

Encontrei o livro com o texto original de Töpffer em uma das bibliotecas da Universidade de São Paulo, mas estava catalogado como obra rara, que pode apenas ser consultada e não retirada e que, naquela época, passava por procedimentos de conservação, assim, não tive acesso a ele. Pesquisei, então, na internet, e encontrei um exemplar original, em bom estado, em um sebo na Inglaterra. Recebi o livro e procurei conservá-lo adequadamente, evitando tocar e expor à luz sua delicada encadernação costurada à linha, que sustenta 406 páginas (Fig. 2.1).

O autor discorre sobre o valor da arte infantil e dos jovens, aquela que ocorria fora das orientações escolares, ou seja, que era expressão livre, feita nos muros das cidades. Elogia essa forma de manifestação em oposição à arte ensinada nas escolas da época – com métodos de treino de habilidades, que, para ele, eclipsavam as ideias e a liberdade da infância – porque se visava à representação do real.

> Vocês já estiveram em Herculano, em Pompeia? Eu também não. Mas dizem que nos muros exteriores das casas e nas paredes das corporações de guarda destas cidades enterradas vemos

---

* Para finalidade de meus estudos, os textos dos dois capítulos do livro de Töpffer aqui citados foram traduzidos do original francês para o português, em agosto de 2008, por Monique Deheinzelin.

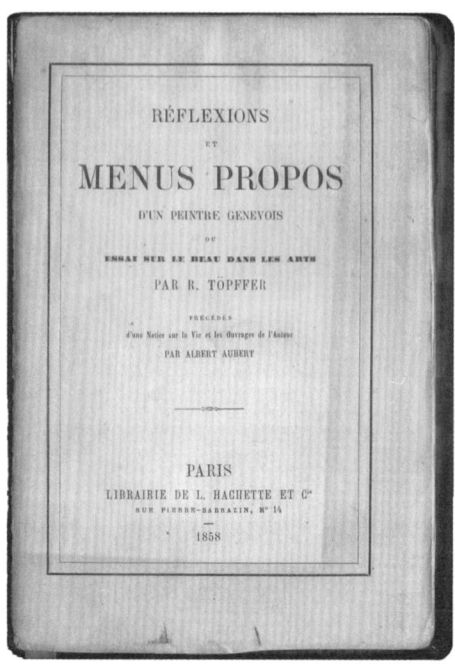

Capa do livro *Réflexions et menus propos d'un peintre genevois ou essai sur le beau dans les arts*, de Rudolf Töpffer.
Fonte: Töpffer (1858).

rudemente desenhadas, aqui em carvão, lá com giz ou sanguínea, figuras paradas, que andam, que agem. É engraçado, e não esperávamos, antes de ter imaginado, reencontrar mil e oitocentos anos atrás de si, exatamente os mesmos pequenos bonecos que nossos batedores de regimento ou nossos moleques de colégio fazem com uma audácia pouco hábil nos muros de nossas ruas atuais e nas paredes de nossas guaritas de hoje. (TÖPFFER, 1858, p. 256, tradução de Monique Deheinzelin).

Embora Töpffer acreditasse na universalidade da tendência à imitação que, para ele, nos distingue dos animais, não se referia a qualquer tipo de imitação. O autor desprezava aquelas que eram tentativas de reprodução do real. Quando tematizou a figura humana no desenho, argumentou que a figuração presa a regras, que mostra as partes e o todo, é carente de qualidade artística; assim, referiu-se ao modelo acadêmico de ensino criticando-o, pois valorizava a imitação praticada na arte espontânea da criança.

> Estes pequenos bonecos lá procedem, portanto, do puro instinto de imitação, se queremos, e ainda de imitação restrita aos sinais exteriores de organização, de regra, de medida, de divisão, muito mais que de imitação real, sensível, expressiva do objeto. (TÖPFFER, 1858, p. 256, tradução de Monique Deheinzelin).

O autor valorizou, entre os bonecos desenhados por crianças nos tapumes e nos muros das ruas, imagens que recriavam objetos reais com ideias e liberdade, livre dos signos de espelhamento do real. Via com entusiasmo esse tipo de imitação em alguns dos desenhos feitos nas ruas.

> Mas há bonecos e bonecos. Eu encontrei, vocês também, e é a maioria, aqueles, desengonçados e mal traçados que sejam, mas que refletem vivamente, ao lado da intenção imitativa, a intenção de pensamento, a tal ponto que este último sempre ali está, por causa mesmo da ignorância gráfica do desenhista, infinitamente mais marcante e bem-sucedida que a primeira. Com efeito, enquanto só vemos membros apenas reconhecíveis quando considerados um a um, um rosto fabuloso, uma barriga mal construída e dois paus de pernas, discernimos entretanto, e de repente, uma intenção desejada de atitude, traços inequívocos de vida; sinais de expressão moral, sintomas de ordenação e de unidade, indícios sobretudo de liberdade criadora que prevalece sobre a escravidão da imitação. (TÖPFFER, 1858, p. 259, tradução de Monique Deheinzelin).

É no capítulo XXI que o autor revela o fundamento da arte presente nos bonecos, cuja forma de imitação se diferencia de uma tentativa de cópia do real, ação puramente mimética. Entendo que a criação desenhista para Töpffer pode ser vista de maneira análoga aos propósitos do que Piaget nomeou de imitação ativa, ou seja, trata-se de uma ação em que as coordenações do sujeito interagem com as do objeto e não tentam simplesmente a elas se moldar.

A palavra que eu tenho a dizer é esta: tomem para mim um destes moleques de colégio que rabiscam na margem de seus cadernos pequenos bonecos já muito vivos e expressivos, e obriguem-nos a ir à escola de desenho para aperfeiçoar seu talento; logo, e isto à medida que ele faça progressos na arte do desenho, as novas figurinhas que ele traçará com cuidado sobre uma folha de papel branco terão perdido, comparativamente àqueles que ele rabiscava ao acaso nas margens de seus cadernos, a expressão, a vida e esta vivacidade de movimento ou de intenção que observamos, ao mesmo tempo em que eles, entretanto, se tornaram infinitamente superiores em verdade e em fidelidade de imitação. Eis um fenômeno da observação comum, como eis um fenômeno que deva acontecer inevitavelmente, se é verdade que na arte os objetos naturais figuram, não como signos deles mesmos encarados como belos, mas como signos de um belo do qual o pensamento humano é absolutamente e exclusivamente criador. (TÖPFFER, 1858, p. 261, tradução de Monique Deheinzelin).

Foi a diferença entre a arte que as crianças e os jovens produziam na escola e a que produziam na rua que interessou a Töpffer: a primeira, submissa às regras para alcançar a verdade, a fidelidade e a imitação, em oposição à segunda que, com criação autoral, feita em tapumes e muros, fugia do modelo escolar. Esses desenhos genuínos chamaram muito a atenção do artista, pela qualidade das ideias, pelas aptidões e pela liberdade, questões estas desconsideradas nas escolas formais, desviando os alunos de suas verdadeiras inclinações, condicionando-os a enfrentar obstáculos não condizentes com sua arte, mas oriundos de padrões do ensino da arte acadêmica. O autor comentou em seu texto sobre a placa de Daguerre, instrumento que antecedeu a câmera fotográfica na captação da imagem, como prenúncio de mudança da arte como uma janela por intermédio da qual se vê, que retrata o mundo buscando signos da exatidão.

Segundo Argan (1992), apenas algumas modalidades de imagem a partir da invenção da fotografia, em 1839, passaram do pintor para o fotógrafo, como retratos, vistas de cidades e campos, reportagens, ilustrações, etc. Provavelmente são essas as modalidades às quais Töpffer se referiu como imagens que podem ser delegadas à fotografia, já que o ensino do desenho na escola visava à representação precisa do real. Entretanto, também a fotografia podia ser artística desde meados do século XIX. Ela não se apresentava de modo imparcial, reiterou Argan, porque a lente estava na frente de um olho humano (ARGAN, 1992).

De qualquer forma, com a fotografia a pintura foi liberada de representar com fidelidade o real, o mesmo servindo ao desenho, às artes gráficas e à escultura, modalidades que marcaram as produções artísticas do período. Essa reorientação da ação artística teve ecos entre os arte-educadores modernos e foi próprio do período buscar na infância frutos genuínos, de ordem endógena, e intrínsecos às experiências e possibilidades de ação, imaginação e pensamento característicos da criança. Assim se selou a arte infantil, antes nem notada ou comentada como ação autoral idiossincrática da infância.

Brent Wilson, artista e professor aposentado em arte/educação da Pennsylvania State University, nos Estados Unidos, mesma universidade em que Lowenfeld trabalhou, a partir da leitura do Capítulo II "Courbet e o imaginário popular: um ensaio sobre o realismo e a arte ingênua" (SCHAPIRO, 1996, p. 91-131),* escreveu e deu destaque ao pensamento de Töpffer como o germe do reconhecimento do valor da arte da criança. Em palestra proferida no 3º Simpósio Internacional sobre Ensino da Arte e sua História, editada em publicação de 1990 pelo MAC/USP, pode-se ler que:

> É o modernismo que detém a chave da ideia de que a criança poderia criar arte. Ao escrever sobre o trabalho de Courbet em 1885, Champfleury reproduziu Töpffer, referindo-se ao pintor [...].
>
> E agora temos a oportunidade de ver toda a relação entre a arte infantil e a noção embrionária da arte moderna, cada um a sua maneira, Champfleury e seu colega Courbet, promoveram imagens ingênuas e populares. Tentarei ilustrar como esta ideia é importante para o desenvolvimento da ideia de arte infantil. (WILSON, 1990, p. 53).

Brent Wilson é um autor muito importante para a reflexão que realizei porque está entre os que inauguraram e assumiram um pensamento inovador, que, segundo ele mesmo, chama-se pós-moderno por falta de um termo melhor, no que estou de acordo. Assim, usarei tanto o vocábulo contemporâneo quanto o pós-moderno, no qual o ensino da arte para crianças e jovens passou

---

* No seu texto Brent Wilson cita Schapiro a partir do livro *Modern Art: 19th and 20th Centuries* (SCHAPIRO, 1979), que preferimos incluir na bibliografia na versão em língua portuguesa de 1996.

a considerar o diálogo da aprendizagem com a produção social e histórica da arte. Voltarei às teorias de Wilson adiante.

FRANZ CIŽEK POR WILHELM VIOLA

As circunstâncias da época:

A fim de entender a singularidade do trabalho da vida de Cižek, as circunstâncias do tempo precisam ser, de certa forma, clareadas.

Qual era a situação das crianças em torno da virada do século?

As crianças viviam em uma sociedade patriarcal: na família, o pai dava o tom, na escola, os professores, e no Estado, o imperador. Provérbios tais como "Fale, quando você for perguntado" sempre refletiam o papel de subordinação das crianças. Nos dias de hoje, de acordo com nossa compreensão, nas classes superlotadas era dito "Mãos na mesa!" "Dedo na boca!",* a lei e a ordem foram anunciadas. (SAFER, 2006, p. 2, tradução nossa).

Pode-se conhecer o trabalho de Franz Cižek por intermédio de Wilhelm Viola (1936, 1944). Viola acompanhou a escola de arte para crianças e jovens, fundada por Cižek, e escreveu detalhadamente sobre os procedimentos e as ideias do arte-educador nos livros *Child Art and Franz Cižek* (1936) (Fig. 2.2) e *Child Art* (1944). Também podemos conhecer o pensamento de Cižek por intermédio de autores da arte/educação como Arthur Efland (c1990), Elliot Eisner (1972, 2004) e Francesca Wilson (1921), que analisaram seu trabalho. Passamos, com base em nossas leituras, a discorrer sobre o trabalho, as ideias e os ideais de Franz Cižek (1865-1936). Nascido na República Checa, estudou arte a partir de 1885 na Academia de Viena, cidade na qual viveu desde os 19 anos. Em Viena, desenvolveu o trabalho de arte com crianças e jovens e foi tido como pioneiro da arte/educação moderna, cuja experiência foi documentada em seus resultados e procedimentos com um número significativo de criações dos alunos entre 4 a 14 anos.

---

* Dedo na boca, simbolizando silêncio.

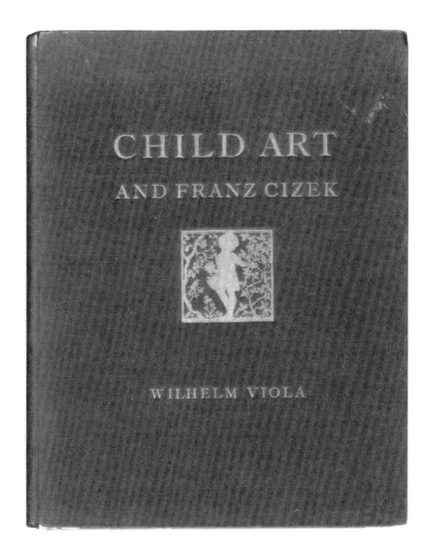

2.2 Capa do livro *Child art and Franz Cižek*, de Wilhelm Viola.
Fonte: Viola (1936).

    Cižek inaugurou sua escola privada, a assim citada por Viola, Art Classes, em 1897, a partir de incentivo recebido de um grupo de amigos artistas, pertencentes ao movimento de Secessão de Viena.* Tudo começou quando ele mostrou os trabalhos artísticos espontâneos dos filhos de um casal de carpinteiros, feitos na casa onde alugava um quarto para moradia. Os desenhos e as pinturas foram realizados porque incentivou as crianças, oferecendo-lhes materiais.

    Houve muita resistência à proposta da escola de Cižek por parte dos educadores e dos gestores da rede oficial de ensino de Viena. Apenas 17 anos depois de fundada, ou seja, em 1904, a proposta foi incorporada a uma escola pública regular de Viena, e os alunos passaram a ter aulas de arte aos sábados à tarde e aos domingos pela manhã. Foi o diretor do Colégio de Artes e Ofícios de Viena (em alemão, "Kunstgewerbeschule"), Sr. Myrbach,** quem incorporou a Classe de Arte Juvenil em sua escola.

---

* Nessa época, a nova geração de artistas austríacos de Viena rompia com a formação acadêmica e formava a "Secessão", em 1896, buscando novas formas de arte. Era a contrapartida vienense da *Art Noveau*. Cižek era próximo desse grupo, composto por Otto Wagner, Olbrich, Moser e Klimpt.

** Encontrei informações sobre o Sr. Myrbach (texto em inglês) em Encyclopedia of Austria (2017).

De acordo com Viola (1936), a escola tinha um grande reconhecimento no exterior e recebia educadores estrangeiros. Ele afirma, ainda, que Cižek considerava a arte da criança manifestação livre de técnicas e de exatidão. Cižek tecia elogios à criatividade da infância quando regida por uma lógica que lhe era própria.

A escola de Cižek funcionou como uma contraposição às escolas formais e tradicionais de Viena, onde ele também foi professor de crianças. Entretanto, não acreditava no método de ensino do desenho vigente. O método utilizado nas escolas formais, entre outras propostas, pedia a crianças de 7 anos para unir pontos próximos e pontos distantes; a partir de 14 anos, com linhas retas, para gerar formas e figuras. As mais velhas também faziam cópias do quadro, imitavam modelos de gesso e desenhos impressos (estampas), visando ao treino de habilidades e à exatidão nas cópias; não havia propostas de desenho de imaginação ou de observação da natureza.

Cižek queria incentivar a criatividade e desconstruir os hábitos de mimese aos quais as crianças eram submetidas nas escolas. Nesse sentido, encontramos similitude entre suas ideias e as de Töpffer, pois o desenho copista, de caráter não expressivo, foi descartado por ambos na produção da arte infantil, e a escola foi apontada como a responsável por tal empobrecimento. O treino de habilidades esvaziado de conteúdo expressivo saiu da cena e deu lugar a uma arte infantil livre dos cânones acadêmicos, dos modelos de cópia e da orientação didática; essas práticas enquadravam as crianças em exigências externas à natureza de sua arte como expressão do seu mundo de experiências.

Contudo, Cižek, chamado de pai da livre expressão, não deixava o aluno tão livre como se poderia pensar. A partir da leitura de Viola (1936), entendemos que o mestre foi sutil observador dos alunos, selecionando procedimentos da arte popular, papéis cortados (*paper cut*) e, influenciado pelo impressionismo, escolhendo cores fortes, pois acreditava que agradavam e incentivavam as crianças e os jovens a criar.

Efland (c1990, p. 198, tradução nossa) critica a crença de que Cižek foi o pioneiro da livre expressão.

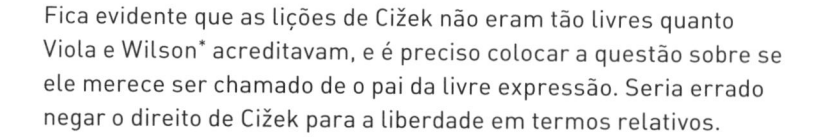

> Fica evidente que as lições de Cižek não eram tão livres quanto Viola e Wilson* acreditavam, e é preciso colocar a questão sobre se ele merece ser chamado de o pai da livre expressão. Seria errado negar o direito de Cižek para a liberdade em termos relativos.

* Entrevista dada por Francesca Wilson em Smith (1996, p. 61-65).

Comparada aos padrões de sua época nas escolas vienenses, a sua era uma pedagogia livre.

Viola não hesitou em afirmar que Cižek via o esplendor da criação entre as crianças de 3 a 7 anos. Já nas de 8 anos em diante, reconhecia a presença de influências externas. Como a maioria dos autores modernos da arte/educação, Cižek não incorporava a fatura dos alunos como gesto criativo, quando ela era marcada por modelos externos, principalmente a partir dos 8 anos, e aí residiu uma contradição da proposta modernista. Pensamos que os bordões levantados pelos arte-educadores da época sobre a "perda da criatividade" ou do "bloqueio devido a fatores externos" nessa idade eram gerados nas propostas da livre expressão, pois a criança trabalhava apenas e sempre a partir do conhecimento advindo do seu fazer, das experiências de vida e de seus interesses e suas necessidades. Nessa faixa etária, hoje sabemos, os alunos já requerem informações da arte adulta para criar. Tais informações lhes eram negadas nas orientações modernistas, assim, essas crianças e esses jovens foram impedidos de desenvolver sua arte.

A exemplo dos autores de seu tempo, Cižek acreditava na universalidade da arte infantil. Töpffer também acreditava nisso e, ademais, na atemporalidade dos desenhos de figuras humanas, já que forneceu exemplos de Pompeia e Herculano e os comparou com aqueles feitos por jovens em cercas e paredes das cidades de sua época, como vimos.

Hoje podemos ler nas imagens dos alunos de Cižek as marcas da arte de Viena, da técnica disponível e das orientações didáticas do professor para uso de meios e suportes e, ainda, da formação artística do autor. Esses trabalhos apresentam diferenças indiscutíveis com as produções das crianças do livro de Lowenfeld (1961) e com os das crianças da publicação de Wilson, Wilson e Hurwitz (1987), cujo trabalho é uma referência importante na desconstrução da crença de uma arte infantil universal e atemporal. Esses autores investigaram, por exemplo, o desaparecimento da modalidade de desenho da figura humana de perfil com dois olhos, descoberto em 1882, e que foi desenhada em diferentes países da Europa Ocidental e nos Estados Unidos de 1892 a 1923, quando declinou. Esse tipo de desenho desapareceu em 1953 nos Estados Unidos (WILSON; WILSON, 1982). A investigação dos autores é contrária à ideia de Töpffer em relação ao tema, que acreditava na universalidade e atemporalidade da arte infantil; basta comparar os desenhos de duas crianças: um menino brasileiro de 6 anos (Fig. 2.3) e Onfim, menino da Rússia Medieval, que se supõe ter sido desenhado aos 6 anos (Fig. 2.4), em folha de bétula, para que se verifique que as imagens falam por si, desconstruindo a ideia de universalidade e atemporalidade

2.3 Desenho de menino brasileiro de 6 anos.

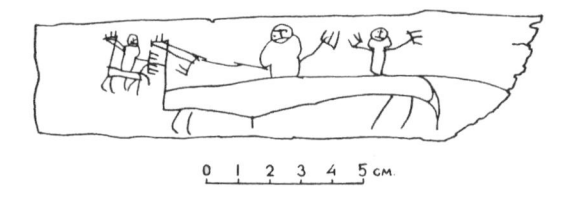

2.4 Desenho de Onfim, menino da Rússia Medieval (6 anos).*
Fonte: Thanet (c2013).

dos desenhos das crianças, pois eles apresentam diferenças tanto históricas em relação ao tempo quanto em relação aos contextos de produção.

Os alunos de Cižek, assim como Onfim, o menino russo medieval, não tinham acesso a várias mídias que hoje influenciam as experiências visuais das crianças, que são e sempre foram afetadas pelas imagens que veem e pela interação com o meio. A diferença reside no fato de que hoje muitos arte-educadores introduzem, deliberadamente, imagens na sala de aula para expandir o

---

* Achado arqueológico, desenho em folha de bétula (THANET, c2013).

repertório visual e o conhecimento sobre arte dos alunos, sem medo de nublar sua produção artística genuína e autoral ou impingir adestramento técnico em detrimento da criatividade. A técnica, entretanto, Cižek também assim o afirmava, diferentemente de Lowenfeld (1961), precisa estar a serviço da expressão e o mesmo diz Eisner (2004), autor contemporâneo que será apresentado adiante. Lowenfeld (1961) rejeitou o ensino e a explicação sobre a técnica, pois, para ele, cada criança deveria desenvolvê-la por si, mas reiterou o valor do procedimento, que concebia como aspecto ligado aos princípios gerais do uso de cada material.

FRANZ CIŽEK

Passo a abordar o pensamento do autor por intermédio de seu próprio texto (CIŽEK, 1910), que faz parte de uma pasta com pranchas, reproduções de papéis cortados (*paper cuts*) feitos por seus alunos. Encontrei essa magnífica e pequena coleção de imagens, em buscas na internet, em um antiquário de Munique. Ela requer muitos cuidados porque se trata de um exemplar impresso há, aproximadamente, 100 anos.

O dono do antiquário, em nossa conversa por *e-mail*, surpreendeu-se por haver interesse pelo trabalho de Cižek no Brasil e, assim, esforçou-se para encontrar um exemplar em inglês, pois só dispunha de uma unidade em alemão. Três meses depois desse contato inicial, recebi um segundo *e-mail* com a notícia auspiciosa: ele havia conseguido o material.

2.5 Xilogravura de alunos de Cižek.

Figura 2.6 Pintura guache de alunos de Cižek.

Figura 2.7 Papel cortado de alunos de Cižek.*

A ficha catalográfica que acompanhou o envio do Sr. Steinbach está reproduzida na Figura 2.8, na qual se lê que o material é datado de 1910.

---

* A autora e a editora agradecem a permissão concedida pelo dono da Coleção Franz Cižek, Sra. Wanda Stanley, e pelo National Arts Education Archive, que são os responsáveis pela coleção para reproduzir os direitos autorais do material neste livro. As Figuras 2.5, 2.6 e 2.7 são catalogadas como FC/PD/29, FC/PD/6, FC/PD/20. Todos os esforços têm sido feitos para indicar os titulares dos direitos autorais para obter sua permissão para usar o material.

> ANTIQUARIAT MICHAEL STEINBACH, MÜNCHEN
>
> **Cizek, Franz.** Children's coloured paper works. Vienna, Schroll, n.d. (ca. 1910). 31 : 25 cm. 26 pages, *with 28 illustrations and 24 coloured plates with many illustrations.* Original cardboard-portfolio, front cover with colored mounted illustration.
>
> Very nice collection of works from participants of the "Jugendkunst"-course at the School of applied Arts in Vienna, founded by Franz Cizek. The plates show silhouettes, clothing, furniture, flowers and trees, birds, countryside, vignettes, boxes, calenders, a.a. With an detailed instruction for cutting silhouettes. - LKJ I, 264; Stuckvilla I, 320.

2.8 Ficha catalográfica das pranchas de *paper cut*.
Fonte: Cižek (1910).

A capa da publicação (Fig. 2.9) é a frente de uma pasta que se fecha como um envelope e contém um livreto composto por ilustrações de trabalhos, fotos de instrumentos, materiais e o texto de Cižek que acompanha as 24 pranchas coloridas, reproduções de "papéis cortados" e "papéis colados" dos alunos da escola do artista/professor, cujas dimensões são de 30 cm de altura por 25 cm de largura.

A parte superior de todas essas pranchas traz os dizeres *Cižek, children's cut and pasted paper work* e o número da prancha; na parte inferior, o título da imagem e, mais abaixo, o nome dos editores.

O texto e as imagens do livreto foram impressos em preto e branco e têm as mesmas dimensões das pranchas, que se ajustam perfeitamente à capa; trata-se do único texto escrito pelo próprio Cižek a que se pode ter acesso.

No livreto, inicialmente, o autor discorre sobre a origem dos modernos *paper cuts* na arte da *silhouette* vinda da França nos anos 1760, técnica popular praticada em conventos e também por artistas. Segue afirmando que toda arte decorativa da sua época era influenciada pelo impressionismo e assim discorre sobre os *paper cuts* de seus alunos.

2.9 Capa do livro *Children's Coloured Paper Works*, de Franz Cižek.
Fonte: Cižek (1910).

Similar às pinturas impressionistas, a cor dos papéis cortados cria manchas de cor e harmonia de linhas. Não há expressão de profundidade e, por razões técnicas, é preciso manter o trabalho simples e livre de detalhes desnecessários. A primeira, e mais importante regra, é concentrar todos os toques de expressão na superfície. (CIŽEK, 1910, p. 3, tradução nossa).

Cižek argumentava ser necessário ao professor conhecer os problemas dos *paper cuts* para ter capacidade de orientar os alunos no desenvolvimento artístico pessoal para inventar, descobrir e ter novas experiências, por si mesmos, sem nenhuma regra fixa. O elogio à não intervenção do professor com regras para a ação dos alunos foi um tom permanente no discurso de Cižek, para quem a liberdade da descoberta e da experiência era uma garantia do valor artístico. Mesmo no exemplo de *paper cut* feito por um marinheiro, que consta como ilustração desse seu texto, destacou que a qualidade da imagem vem da ausência do conhecimento da perspectiva linear, reconheceu nela excesso de habilidade técnica, mas apontou um senso inato de superfície, que não foi tocado por influências escolares.

Essa afirmação sobre senso inato de perspectivação está em contradição com a pedagogia renovada de base piagetiana, que surgiu posteriormente, para a qual o inatismo, no sentido tratado por Cižek, inexiste. No caso da fatura de imagens, ocorre uma interação entre a ação empírica e a reflexiva, ou seja, do seu fazer a criança abstrai relações e constrói conhecimento, e isso segue na vida adulta. Portanto, apesar da ideia modernista de que a arte infantil ocorria espontaneamente, sem direcionamento do professor ou interação com a arte adulta, acreditava-se que ela era fruto da ação e não do inatismo. Isso ficou mais claro nos textos de Lowenfeld do que nos de Cižek, embora os autores concordassem em evitar o contato da criança com a arte adulta.

Cižek (1910) admitia dar orientação técnica contanto que as formas e o manejo dos materiais fossem decididos pelos alunos. Ele só interferia em caso de erros técnicos graves, como veremos adiante. Lowenfeld (1961) diferenciava técnica de procedimento, porque entendia que a primeira era cerceadora da descoberta e o segundo fazia parte do modo próprio de funcionamento de cada material. Porém, penso que o procedimento traz elementos da arte adulta para a sala de aula desde a educação infantil, via conteúdos do âmbito do saber fazer (procedimentais) na interação com meios e suportes. Sabe-se que os dois autores optaram pela aprendizagem pela descoberta, de natureza experimental, no fazer das modalidades artísticas por eles propostas (desenho, pintura, colagem, modelagem, construção tridimensional), entretanto, existiam conteúdos comuns a crianças e artistas. As técnicas de *paper cut* e de bordado propostas aos alunos por Cižek eram praticadas por artistas e artesãos de sua época. Os artistas modernos do início do século usaram experimentação técnica, nos moldes propostos pelos dois autores aos seus alunos, portanto, o afastamento da arte adulta sempre foi relativo e, assim, nesse aspecto, o período moderno da arte/educação já tem indícios do contemporâneo.

Lowenfeld foi avesso à técnica, entretanto, aos alunos jovens, caso necessário, mostrava obras de arte para observarem soluções técnicas específicas. Agia junto a esses alunos a partir de sua própria experiência de formação como artista moderno.

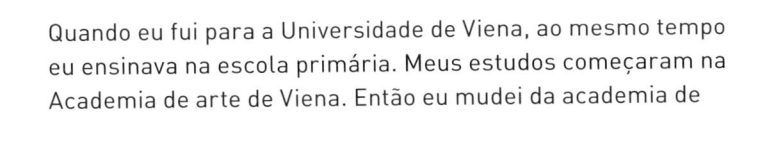

> Quando eu fui para a Universidade de Viena, ao mesmo tempo eu ensinava na escola primária. Meus estudos começaram na Academia de arte de Viena. Então eu mudei da academia de

arte, que era muito seca e acadêmica, para aquilo que se chama Kuntgewerbeschule, uma espécie de Bauhaus de Viena. Foi nesta escola mais contemporânea que conheci Cižek. Cižek estava também na Kuntgewerbeschule, onde eu estudei por vários anos até receber meu diploma.* (LOWENFELD apud BARBOSA, 2001b, p. 10).

Nesse trecho de uma entrevista autobiográfica de Lowenfeld, traduzida pela profa. Ana Mae Barbosa, ele afirma que Cižek não conhecia autores da arte/educação anteriores à sua época, o que corrobora a nossa ideia de que foi por intermédio da formação e da arte modernas praticadas por artistas/professores como o autor em pauta que, atuando experimentalmente junto a crianças e jovens, inauguraram a arte/educação modernista.

Meu conhecimento com Cižek não me trouxe o entendimento do significado da arte/educação do passado, porque Cižek também não conhecia nada. Cižek era completamente voltado para seu próprio trabalho. Se você perguntasse a ele: "Quem foi Ricci?"** Ele responderia: "Ricci, Ricci? Você faz perguntas idiotas". Nem eu nem Cižek éramos *scholars*. Você entende o que quero dizer com isso? Isto significa que nosso conhecimento não era derivado de uma penetração no campo intelectual, mas em uma penetração nas experiências. Eu penso que isto guiou toda minha vida. (LOWENFELD apud BARBOSA, 2001b, p. 16).

Lowenfeld se autorrepresenta apenas como um prático, cuja aprendizagem foi experimental, mesmo que dentro da concepção deweyana de experiência estava em desacordo com sua formação intelectual. Segundo Michael (1982), ele teve sólida base de formação europeia e conviveu diretamente com intelectuais importantes de sua época, conforme podemos ler em outro trecho de sua entrevista

---

* No artigo de Leshnoff (2013), encontramos a seguinte citação da autora: "Lowenfeld was a student at the Kunstwerbeschule in Vienna where Cižek taught children and had visited his classes to observe his pedagogical methods from 1922-1926 (Saunders, 2001, p. 63)" na página 7 do artigo da autora obtido na Questia Trusted Online Research.
** Corrado Ricci escreveu *L'arte dei bambini* (1897).

> Entre 1926/28 Sigmund Freud tornou-se muito interessado no meu trabalho com cegos. Ele leu sobre isto em uma publicação numa das mais importantes revistas médicas daquele tempo, onde eu havia escrito um artigo acerca de meu trabalho no Instituto de Cegos. Ele me telefonou e disse que gostaria de ir ver alguns de meus trabalhos. Eu respondi que ficaria muito honrado. Ele veio várias vezes observar o que eu estava fazendo. Naquela ocasião ele revisava seu livro *Totem e Tabu*. Depois de ler esse livro eu comecei a organizar os meus dados em uma maneira mais científica. Eu já havia observado diferenças nas atitudes dos cegos. Eu comecei a entender que havia uma tipologia. Comecei a ler, eu primeiro descobri e depois comecei a ler sobre psicologia, tipos psicológicos, incluindo Jung, Danzel, Nietzsche, Schiller. Eu estava muito fascinado. (LOWENFELD apud BARBOSA, 2001b, p. 16).

É interessante notar que Lowenfeld faz questão de afirmar que leu teorias, depois de tê-las descoberto pela própria experiência, pois, para ele, nada pode ser aprendido no âmbito cognitivo sem passar pelas emoções e pelas percepções.

Cižek resumiu os pressupostos de seus cursos para crianças e jovens dizendo que eram frequentados por 40 a 50 alunos de 4 a 14 anos e que a participação por idade podia ser modificada para cima ou para baixo conforme parecesse benéfico ao aluno. Ele tinha como objetivo educar uma geração com gosto artístico e senso estético, por intermédio de trabalho pessoal. Para alcançar esse objetivo, incentivava o desenvolvimento do gosto e do talento que acreditava serem inatos. Os trabalhos dos alunos eram individuais. Por vezes, propunha trabalhos coletivos com temas do cotidiano dos alunos, como, por exemplo, as festas locais. Viola (1936) afirma que Cižek fazia isso por saber que se a criança não enfrentasse outros desafios se acomodaria e perderia a criatividade. O próprio Cižek afirmou, nesse mesmo livro, que se as crianças fizessem sempre o que queriam, corriam o risco de serem influenciadas por imagens externas à sua arte.

As técnicas eram adequadas às possibilidades de ação das crianças, portanto, eram diferentes entre as menores e as maiores. Segundo Cižek (1910), praticadas sem demandar treino, elas ofereciam inspiração física às crianças. Ele não queria superficialidade e falsificações nas faturas (CIŽEK, 1910).

Cižek (1910) discorreu sobre as ferramentas de trabalho com muito conhecimento de seus usos e, no caso dos *paper cuts*, apresentou pares de tesouras de ponta mais fina e mais larga, penas cortantes, perfuradores e pinças. Todos precisavam ter qualidade, por isso, eram comprados pelos alunos para assegurar a qualidade necessária à execução técnica.

O autor considera que nos *paper cuts*, assim como nas outras artes, a técnica tem três aspectos principais: "1º – a técnica como origem das formas, 2º – a técnica como significado da expressão artística e 3º – a combinação de ambas de acordo com a individualidade do artista" (CIŽEK, 1910, p. 9, tradução nossa).

Para Cižek (1910), a técnica era um saber socialmente construído a ser dominado pelo aluno a partir da sua intenção formal e expressiva. Ele estava muito próximo da produção da arte adulta no caso dos papéis cortados, com suporte em uma técnica de origem popular, que foi usada por muitos artistas, a *silhueta,* que serviu também para representar seres e ambientes no lugar da fotografia. Discorreu sobre essa técnica e ilustrou detalhadamente os instrumentos e seus usos nos *paper cuts*, indicando como segurá-los, definindo quais papéis eram adequados e como usar o instrumental no papel. Definiu, ainda, os melhores adesivos e colas e em quais superfícies seriam usados para firmar os papéis a serem colados. Orientou também a necessidade de se fazer os *paper cuts* sem desenho prévio aos cortes, exceto em casos de desenhos mais complexos, nos quais podiam ser feitas linhas finas de lápis, mas os recortes precisavam ser realizados com liberdade. Para Cižek (1910), era melhor que os alunos se encontrassem no manejo das ferramentas do que guiá-los, pois isso só devia ser feito se eles estivessem cometendo graves erros.

Autorizar a experimentação com adequação de instrumentos e técnicas nos parece ser o princípio orientador das aulas de *paper cuts*, mas Cižek não deixava tudo à escolha da criança em nome de sua expressão, orientava saberes técnicos conquistados nos fazeres dos artistas. Aí reside uma grande diferença entre Cižek e Lowenfeld, que só admitia recorrer às técnicas usadas por artistas junto a adolescentes, quando a continuidade de um trabalho expressivo do jovem dependia de observar outras soluções, nunca para serem imitadas, mas para apoiarem a arte do jovem.

O livreto escrito por Cižek, que acompanha as pranchas impressas dos trabalhos das crianças, é como um "Tratado do *paper cut* e da colagem" em que o autor quer garantir que o leitor compreenda a necessidade de precisão e rigor técnico em nome da expressão. Isso é coerente com seus depoimentos no livro de Viola (1936) sobre arte infantil, pois lá afirmou que a adequação técnica é importante, e não a exatidão formal. Esse ponto inscreve uma diferença fundamental em relação à tradição acadêmica presente na arte ensinada na escola tradicional, na qual eram propostas as cópias de modelos e a representação do mundo "tal e qual era visto", com rigor técnico e pouca liberdade formal.

O aluno modernista de Cižek precisava do domínio técnico, que podia construir pela informação sobre o material recebido do professor e por sua experimentação dentro dos padrões de ensaio e erro. Quanto aos erros, Cižek afirma que só intervinha, como vimos, no caso de erros técnicos graves.

ARTE/EDUCAÇÃO MODERNISTA E PÓS-MODERNISTA

Os resultados surpreendentes das imagens dos trabalhos das crianças que ilustraram o livro de Viola (1936) e das pranchas levaram muitos autores contemporâneos a duvidar da liberdade proclamada por Cižek e do respeito que manifestava pela construção da forma mediante suas leis naturais, para ele, inatas na criança.

> Os trabalhos das crianças contêm neles eternas leis da forma. Não temos arte tão direta como a das crianças. Mesmo os antigos egípcios não eram tão fortes. No Egito ninguém estava autorizado a quebrar as leis da arte. Tudo era compulsório. Mas para as crianças a arte vem naturalmente. O caminho de nossa escola intelectualizada é a perda desta arte na adolescência. (CIŽEK apud VIOLA, 1936, p. 35-36, tradução nossa).

Na época de Cižek, havia uma valorização da arte popular livre dos cânones acadêmicos, cuja simplicidade trazia a marca da autenticidade do indivíduo. Os artistas modernos se voltaram para os povos primitivos. Picasso o fez com a arte africana. A valorização da arte das crianças foi realizada por Klee e Matisse, e a arte oriental, principalmente a gravura japonesa, foi assimilada ativamente por Van Gogh e pelos artistas impressionistas. No livro de Viola (1936), Cižek afirma que não precisamos buscar todas essas formas artísticas, basta a arte das crianças, que perde seu vigor na adolescência em função do viés intelectual da escola.

Em oposição à escola tradicional, como os arte-educadores modernos, Cižek elogiou uma modalidade de fatura, com orientação técnica, que garantisse à criança expressar aquilo que lhe é próprio, o domínio do que determina a forma criativa, que entendo ser, para ele, um sistema universal, atemporal e espontâneo da arte infantil, que pode ser alcançado por quem tenha domínio técnico e seja genuíno e livre, verdadeiro e honesto em sua expressão artística. No exemplo do *paper cut* do marinheiro, como vimos, reitera que a representação do espaço não respeita as leis da perspectiva linear ensinadas nas escolas, que considera um sistema fechado e padronizado, enquadrador da expressão, que vira o carro-chefe do trabalho, ocupa o lugar da "honestidade e da verdade em cada detalhe".

> A Juvenil Art Class não é uma escola, é um centro de trabalho ao qual as crianças vêm por seu próprio desejo e onde elas podem

trabalhar guiadas por seus talentos e inclinações. Minha tarefa educacional consiste em promover a criatividade da forma, prevenindo a imitação e a cópia. Um desenho ou outro produto qualquer de uma criança é bom se o trabalho estiver de acordo com a idade da criança e todo uniforme com a qualidade de quando se é honesto e verdadeiro em cada detalhe. Os velhos mestres mostraram essa honestidade e uniformidade no mais alto grau, como, por exemplo, Dürer e Rembrandt. Realmente ruim é o trabalho de uma criança que tenta pintar como adulto. (CIŽEK apud VIOLA, 1936, p. 34-35, tradução nossa).

Aqui, portanto, temos em Cižek um indício contemporâneo no moderno, quando faz remissão a produções da história da arte. Nesse trecho, o autor estima um paralelismo entre a postura da criança ao fazer arte e a do artista adulto, estabelece uma relação entre arte infantil e arte adulta e, portanto, traz uma predição do paradigma da arte/educação contemporânea. O autor reconhece uma invariância, guardadas as diferenças estruturais do pensamento e da ação da criança e do artista. Tal indício de algo que tem qualidade igual e estrutura diferente (invariância funcional), que se mantém – na ação artística – à medida que a criança aprende e se desenvolve, é termo da visão de construção de conhecimento na epistemologia genética de Piaget. Hoje se concebe a criação artística da criança e do jovem como forma de conhecimento, pois, para além da livre expressão, nas conquistas do sistema de símbolos artísticos pela criança, se aceita sua interação com o trabalho de pares e do meio como forma de promoção da aprendizagem. A invariância funcional em pauta nos modos de criar também é encontrada nos trechos dos autores contemporâneos Wilson, Wilson e Hurwitz (2004), quando dizem, apoiados em Goodman (1995), que artistas e crianças fazem mundos ao criar sua arte, em vez de espelhá-lo.

Cižek ensinava como usar cada um dos instrumentos e materiais e quais se adequavam a uma ação específica, mas nunca definia a forma da imagem. Mas, como vimos, ele abria exceção a indicações pontuais de temas pelo professor, que tinham o propósito de evitar a perda criativa e desafiar os alunos a saírem de uma zona de conforto. As propostas de mudança de meios, vez por outra, também serviam para o aluno encontrar uma resposta positiva a suas inseguranças. Por exemplo, Cižek sugeria a um aluno que bordasse em vez de desenhar, em resposta ao "eu não sei desenhar" para que um bordado, sem desenho prévio, fizesse emergir o desenho sem temor.

A referência a modelos de qualidade artística da história da arte, como objeto que influencia as crianças (pensamento pós-modernista), foi considerada ruim

ARTE/EDUCAÇÃO MODERNISTA E PÓS-MODERNISTA

por Cižek, que preferia a criança que se autoexpressava. Ao comentar influências da arte presentes no meio, ele afirmou que existem três tipos de crianças: as que não incluem as imagens do meio, as que se afetam por elas, mas não perdem seu eixo, e as que ficam totalmente dependentes sem expressão própria. Isso denota que Cižek, que era artista, tinha discernimento a partir da arte na avaliação do trabalho dos alunos, como foi descrito por Francesca Wilson (1921, p. 6, tradução nossa), que registrou e comentou uma palestra do autor.

> Ele disse que existem três tipos de crianças. Primeiramente, aquelas que crescem a partir das próprias raízes e não são afetadas pela influência de fora; em segundo lugar, as que são afetadas pelas influências externas, mas têm força suficiente para manter sua individualidade; as terceiras são aquelas que têm a inspiração inteiramente de fora, em consequência perdem completamente sua personalidade.

Era objetivo de Cižek que os alunos enfrentassem os desafios da execução, pois estes, dizia, se fossem enfrentados quando a criança estava mobilizada por sua intenção artística, garantiam à sua formação aspectos importantes como o desenvolvimento da energia e da força de caráter, valores que considerava relevantes, além do desenvolvimento artístico e do gosto estético.

> O objetivo principal desse método é reconhecer os momentos únicos, quando a criança está inspirada, e utilizá-los para o desenvolvimento de suas capacidades e dons naturais. Tão logo o interesse de uma criança desperte para uma coisa, ela está pronta para enfrentar as maiores dificuldades na execução de um trabalho. Superar tais dificuldades é o melhor treino para o desenvolvimento da energia e da força de caráter. (CIŽEK, 1910, p. 11, tradução nossa).

Os propósitos educacionais associados à formação de valores e atitudes também compõem os currículos contemporâneos, quando tratam das questões sociais da atualidade, da equidade e da participação social. Em relação ao aprender a enfrentar os obstáculos inerentes à aprendizagem, como afirmou Cižek, ou seja, superar dificuldades, hoje falamos do mesmo quando concebemos a aprendizagem significativa e a resolução de problemas pelo aluno. A ideia sobre superação de si nas aprendizagens presente em Cižek também está nas afirmações de Isabel Solé (1997, p. 51-52), autora construtivista contemporânea, que diz que quando se aprende também é importante para o aluno perceber que é capaz de aprendizagem e que, para tanto, lhe são exigidos contribuição e esforço.

> A percepção de que se pode aprender atua como um requisito imprescindível para atribuir sentido a uma tarefa de aprendizagem.
>
> [...]
>
> Realmente imprescindível é que quem deve aprender entenda que, com sua contribuição e seu esforço e com a ajuda necessária, poderá superar o desafio proposto.

Ser capaz de aprender, considerando as bases teóricas piagetianas usadas em sala de aula no construtivismo, envolve verificar que o aluno cria para compreender, constrói conhecimento novo para si e, progressivamente, para o mundo. Desse modo, compreender é criar, e o aprender exige uma relação criativa dos alunos tanto em arte como nas demais áreas do conhecimento.

> O legado científico piagetiano é uma teoria construtivista do conhecimento. Mas, além de uma teoria, há também um legado intelectual e humanista, implícito em sua obra, que chegou com muita clareza e com muita proximidade àqueles que tiveram a sorte de compartilhar com ele jornadas de trabalho (entre os quais eu me incluo). É um legado que encerra uma mensagem que considero com a frase de Einstein: "O mais maravilhoso do mundo e também o mais assombroso é que o mundo seja compreensível". O "mistério da compreensibilidade do mundo" – como costumava chamá-lo – permaneceu sem solução para Einstein. A mensagem de Piaget é de que a chave para revelar esse mistério é a criatividade: o mundo é compreensível somente na medida em que a mente cria os instrumentos para interpretá-lo. "Criar para compreender": essa é a sua mensagem e o *leit-motif* de sua obra. O tema possui duas facetas. Piaget nos fez descobrir a enorme criatividade que a criança possui desde a primeira idade. Mas, junto com isso,

destruiu as bases de toda concepção do ensino como um processo mecânico e dogmático. Por isso, a prática pedagógica que emerge do construtivismo não é reduzível a nenhum receituário pueril sobre as idades nas quais podem ser ensinadas tais ou quais coisas. (GARCÍA, 1997, p. 54).

Quando Cižek (2010) explica as pranchas dos *paper cuts* em seu texto, agrupa-as por seus modos de execução e as divide em dois grupos: as feitas de modo independente, e aquelas cujas formas foram determinadas pelo material e pela técnica. Além dessa classificação, para que o leitor possa compreender seu método, classifica, nesses dois grupos, seis tipos diferentes de como as crianças seguem sua individualidade ao trabalhar, que enumera de A a F:

A. Criação inspirada
B. Treino rítmico
C. Trabalho decorativo
D. Trabalho de livre escolha dos alunos
E. Trabalho completo de um indivíduo
F. Trabalho no estilo ditado pelos materiais e ferramentas.
(CIŽEK, 1910, p. 11, tradução nossa).

E podemos nos perguntar: como Onfim (Fig. 2.4), nosso menino da Rússia Medieval, sabia que podia desenhar e escrever em folha de bétula? Para a arte/educação pós-modernista, aprende-se sobre desenho ou escrita observando tais faturas, ou seus resultados, nas práticas sociais daqueles que desenham ou escrevem, levantando hipóteses sobre os sistemas da arte ou da escrita aos quais se têm acesso. Em relação à escrita, assim nos ensinaram Ferreiro e Teberovsky (1986) quando investigaram as aprendizagens da língua escrita pela criança. Do mesmo modo, essas interações ocorrem na aprendizagem do desenho, como pesquisaram e nos deram a conhecer Wilson, Wilson e Hurwitz, no livro publicado em 1987, *Teaching Drawing from Art,* traduzido para o espanhol como *La enseñanza del dibujo a partir del arte* (2004).

Heloisa. C. de T. Ferraz e Maria F. de Rezende e Fusari (2009, p. 24) apontam "componentes que se articulam no processo artístico" na contemporaneidade. Compreendemos essa formulação das autoras como uma tentativa de ordenar o que aqui nomeamos de "sistema da arte", que assim nos apresentam:

OS AUTORES/ARTISTAS
São pessoas situadas em um contexto sociocultural; são criadores (profissionais ou não) de produtos ou obras artísticas a partir da história e seus modos e patamares de sensibilidade e entendimento da arte.

OS PRODUTOS ARTÍSTICOS/OBRAS DE ARTE
São trabalhos resultantes de um fazer e pensar "teórico--emotivo-representacional" do mundo da natureza e da cultura e que sintetizam modos e conhecimentos artísticos e estéticos de seus autores; têm uma história e situam-se em um contexto sociocultural.

A COMUNICAÇÃO/DIVULGAÇÃO
São diferentes práticas (profissionais ou não) de apresentar, de expor, de veicular e de intermediar as obras artísticas, as concepções estéticas e a arte entre as pessoas na sociedade ao longo da história cultural

O PÚBLICO/OUVINTES/ESPECTADORES
São pessoas também situadas em um tempo-espaço sociocultural no qual constroem a história de suas relações com as produções artísticas e com seus autores (ou artistas) em diferentes modos e patamares de sensibilidade e entendimento da arte.

Evidentemente, as concepções de artista, público, meios de produção, difusão, comercialização e acesso influenciam o sistema da arte e regulam as relações entre arte e sociedade. Isso interfere nos modos como, em cada época e lugar, a criança e o jovem assimilam a arte de outros (adultos e crianças) e seu sistema nas próprias ações (fazer e compreender) artísticas. Na época de Cizek, por exemplo, era inimaginável uma criança de 3 anos ter domínio de desenho em telas virtuais (como hoje verificamos), do mesmo modo que atualmente é mais raro uma criança de 6 anos desenhar em folhas de árvore, como fez Onfim na Rússia Medieval, dada a facilidade de acesso a outros meios e suportes validados para o desenho.

A arte infantil, a arte dos povos primitivos e a arte oriental foram, entre outros modelos, formas que encantaram os artistas modernos, que nelas identificaram liberdade em relação à rigidez da linguagem da arte acadêmica. Com acesso a fontes internas (endógenas) e naturais, sem governo de padrões externos (exógenos), a arte da criança e dos povos primitivos continua – acreditavam os arte-educadores modernistas – uma autenticidade que formaria o indivíduo não submisso, sensível ao entorno, às necessidades do outro e plenamente desenvolvido em seu potencial criador.

Esse paradigma afetou a arte/educação modernista na qual se postulou – apesar de trazer indícios que extrapolam a proposição moderna – uma estética* da infância separada da adulta, distante das obras de arte para preservar o cerne do que se conceituou como arte espontânea. Nisso está assentado o trabalho de Lowenfeld. Ao visitá-lo, considerarei suas concepções sobre a arte das crianças e dos adolescentes, irei analisá-lo nos paradigmas da didática modernista para buscar, também em seu pensamento e sua prática, os embriões da arte/educação pós-moderna.

VIKTOR LOWENFELD (1903-1960)

"Lowenfeld fez para o desenho das crianças o que Piaget fez para o pensamento delas" (*THE HARVARD Educational Review* apud MICHAEL; MORRIS, 1984, p. xv, tradução nossa). Nesta seção, tratarei de um dos mais influentes pensadores da arte/educação modernista do século XX, Viktor Lowenfeld, teórico, filósofo, pesquisador e prático da área. Aqui, situarei sua formação verificando as influências e o contexto de desenvolvimento de suas teorias e seu legado à arte/educação. Suas ideias foram muito difundidas e praticadas em diversos países e, no Brasil, introduzidas nas últimas décadas dos anos 1960.

LOWENFELD: CONTEXTO DE FORMAÇÃO

John Michael e Jerry W. Morris, da Miami University, em artigo que tem por título "European influences on the theory and philosophy of Viktor Lowenfeld",

---

* Nelson Goodman (1976, p. 256), ao escrever sobre experiência estética, assim a aborda: "Envolve a discriminação delicada e discernimento de relações sutis, a identificação de sistemas de símbolos e de caracteres nestes sistemas e o que estes caracteres denotam e exemplificam, interpretar obras e reorganizar o mundo em termos das obras e as obras em termos do mundo. Grande parte das nossas experiências e muitas das nossas competências são chamadas a intervir e podem ver-se transformadas pelo encontro. A 'atitude estética' é agitada, inquisitiva, experimentadora – é menos atitude do que ação: criação e recriação".

publicado no jornal *Studies in Art Education* da National Art Education Association (NAEA) em 1984, afirmaram, apoiados nas palestras de Lowenfeld na Pennsylvania State University, de 1957, que ele teve suas ideias fundamentadas em um legado europeu de pensamento educacional, de teóricos da arte, antropólogos, psicólogos e arte-educadores que o precederam ou foram seus contemporâneos:

> Enquanto a maioria dos arte-educadores está familiarizada com a teoria e a filosofia da arte/educação de Viktor Lowenfeld, eles podem não estar cientes de que os fundamentos de suas ideias vieram de uma rica herança europeia de pensamento educacional, pesquisa e prática.
>
> [...]
>
> A principal fonte para este artigo são as anotações de aulas tomadas nas palestras de Lowenfeld sobre a história da arte/educação na Pennsylvania State University, em 1957. Seu principal foco foi Friederich Fröebel, James Sully, Franz Cižek, Siegfried Livinstein, Max Verworn, Walter Krötzsch, George Luquet e Karl Bühler. (MICHAEL; MORRIS, 1984, p. 103, tradução nossa).

Lowenfeld chegou aos Estados Unidos em 1938, fugindo com sua família pela Inglaterra da invasão nazista na Áustria. Antes disso, conviveu diretamente com pensadores importantes, fato que, segundo Michael (1982), levou-o a uma profunda compreensão das coisas, que pode ser verificada em suas palestras. Entre as pessoas ilustres com quem Lowenfeld teve contato, as citadas por Michael são:

> Gustav Minikin (reformador e educador), Siegfried Bernfeld (educador e psicólogo), Martin Buber (filósofo religioso), Karl Kraus (poeta), Rabindrinath Tagore (filósofo e educador), Eugene Steimberg (escultor), Oskar Kokoschka (pintor), Karl Liebknecht (pensador social), Franz Cižek (professor), Ludwig Munz (historiador da arte), Sigmund Freud (psicanalista), Herbert Read (filósofo e especialista em estética) e Karl Buhler (psiquiatra). (MICHAEL, 1982, p. xviii, tradução nossa).

ARTE/EDUCAÇÃO MODERNISTA E PÓS-MODERNISTA

Um artista e arte-educador do convívio de Lowenfeld que influenciou seu trabalho foi Franz Cižek. Em uma de suas palestras de 1958 na Pennsylvania State University, Lowenfeld referiu-se a ele e leu palavras literais ditas pelo colega nas aulas junto a crianças e jovens na sua Juvenil Art Class, em Viena, assim citada por Viola (1936).

Essa palestra de Lowenfeld foi a centelha inspiradora para que uma de suas alunas, a Sra. Ellen D. Abell (MICHAEL, 1982), tivesse a ideia de gravar as demais palestras do mestre, mediante licença por ele concedida e, assim, hoje podemos ter acesso a elas, gravadas dois anos antes de sua morte, portanto, em 1958. Muitas de suas falas se iniciavam a partir de perguntas dos alunos e, ao responder, aprofundava-se nos temas em questão. Esse procedimento não foi o único, entretanto, que revela coerência com sua proposta de trabalhar com os interesses que mobilizam as experiências dos alunos. Portanto, sua didática de formação de professores na universidade era coerente com o que propunha às crianças.

A palestra na qual Lowenfeld fala sobre Cižek foi a inspiradora das gravações, mas não foi transcrita, como está dito no texto introdutório do editor, John A. Michael, do livro *The Lowenfeld Lectures* (MICHAEL, 1982), estruturado a partir das transcrições das palestras. Dessa introdução de Michael, destacamos um parágrafo:

> Viktor Lowenfeld foi um dos primeiros, senão o primeiro, a ministrar um curso que envolvia o desenvolvimento europeu e norte-americano da arte/educação. Em uma famosa palestra – aquela que inspirou Ellen Abell a gravar suas demais palestras –, ele imitou Franz Cižek, na maneira como ele ensinou na sua "Juvenille Art Classes". Essa palestra é, principalmente, de interesse histórico e não está neste livro. O Dr. Lowenfeld trabalhou com Cižek e estava acostumado com sua teoria, metodologia e personalidade. Na sua palestra, o Dr. Lowenfeld reconheceu que a descoberta da arte da criança teve sua "culminância no trabalho de Cižek", mas lamentou a ênfase dada por ele aos aspectos puramente estéticos e visuais. Essa ênfase, disse, "vai contra nossa filosofia, e eu acredito que vai igualmente contra as necessidades de nosso tempo". O objetivo da arte/educação, nas palavras de Lowenfeld, é "não a arte em si mesma, o produto estético ou a experiência estética, mas preferencialmente a criança que cresce mais criativa e sensível e aplica sua experiência com arte, seja qual for a situação de vida à qual seja aplicável" (MICHAEL, 1982, p. xix, tradução nossa).

As críticas de Lowenfeld a Cižek não diminuem sua admiração por aquele que firmou o reconhecimento da arte infantil e teve a coragem de dar suporte à própria escola com seu trabalho voluntário, em uma iniciativa sem precedentes e com falta de validação do governo por 17 anos. As orientações e a visão de arte da infância que diferenciam as ideias de Lowenfeld e Cižek poderão ser mais bem compreendidas na análise e reflexão que farei sobre o trabalho de ambos.

Lowenfeld, 38 anos mais jovem do que Cižek, refere-se a ele em entrevista,* afirmando que o colega se graduou na Kuntgewerbeschule (1925), Escola de Artes e Ofícios, e reiterou ser essa uma "espécie de Bauhaus" de Viena; nela, Cižek deu aulas para crianças, e Lowenfeld as acompanhou de 1922 a 1926 (LESHNOFF, 2013). O autor estudou ainda na Academia de Arte de Viena (1926) e na Universidade de Viena (1928), onde se formou professor. Tanto Lowenfeld como Cižek foram professores das escolas da rede pública de ensino de Viena. Na Escola de Artes e Ofícios Johannes Itten (1888-1967), deu aulas durante muito tempo, sendo também fortemente influenciado pelas ideias pedagógicas similares às de Cižek, que pairavam no ambiente vienense. A seguir, Itten foi convidado para ser professor da Bauhaus de Weimar, onde desenvolveu um trabalho moderno e de vanguarda na formação de artistas.

Adolf Loos (1870-1933) escreveu, em 1919, o livro *Richtilinien für ein Kumstant* (Diretrizes para um ofício da arte),** citado por Wick (1989, p. 126):

> Interessante é o fato de nessas diretrizes aparecer o nome de Itten, o mesmo não acontecendo com o de Franz Cižek (1856-1946). Naquela época, Cižek já tinha se tornado muito conhecido por seu curso de "arte jovem" introduzido em Viena em 1897 como escola privada e, em 1904, integrado à Escola de Artes e Ofícios.

---

* A entrevista autobiográfica de Lowenfeld é citada na bibliografia do texto de Michael e Morris (1984) e foi traduzida para a língua portuguesa e divulgada na internet pela profa. Ana Mae Barbosa. Em sua abertura, Barbosa afirma que a entrevista foi feita em 1958, por alunos de pós-graduação da Penn State University, onde Lowenfeld ensinou e dirigiu o Departamento de Arte Educação durante 14 anos. Essa tradução está disponível em http://www.prof2000.pt/users/marca/lowenfeld. htm, e a fita original, segundo Barbosa (2001b), está nos arquivos de arte/educação da Miami University, em Oxford, Ohio (Estados Unidos).
** Assim citado nas notas de Wick (p.126,165) Adolf Loos, "Richtilinien für ein Kumstant". *In der Friede 62* (1919).

Na sequência, recorre a trechos do livro de Viola (1936) e escreve:

> "Nada ensinar, nada aprender! Deixar crescer das próprias raízes!" ou "*Desescolarização* da Escola": estas eram, entre outras, as máximas pedagógicas, com as quais Cižek causou sensação e obteve reconhecimento em 1908 em Londres, em 1912 no Congresso de Educação artística de Dresden, em 1914 em Colônia e, mais tarde, também em outros lugares. (WICK, 1989, p. 126).

Por fim, o próprio Wick (1989) escreve que Itten afirmou expressamente que nunca teve um contato mais próximo com Cižek, que dava aulas de "Teoria ornamental das formas", na Escola de Arte e Ofícios de Viena, para alunos mais velhos, cujos resultados se aproximavam dos obtidos por Itten. Wick arremata afirmando que é demasiado ousado concluir pela semelhança formal entre trabalhos de ambos ou que um deles tivesse uma relação de dependência do trabalho do outro e supõe, o que é mais provável, que ambos compartilharam dos princípios pedagógicos reformistas da época.

Os professores da Bauhaus, nos seus bons anos, antes de terem que se dobrar às demandas de mercado impostas por apoiadores, primavam pela tendência moderna nas orientações didáticas do ensino da arte, em contraposição àquelas em curso nas academias. Não poderemos nos estender nessa análise sociopolítica, tendo em vista o foco de nossa investigação, mas os aspectos da didática moderna do modelo Bauhaus servirão de tema à leitura que realizarei da arte/educação modernista.

No livro de Wick (1989) sobre a Bauhaus, encontrei o discurso didático moderno que se revela na afirmação de Itten.

> Em 1908, quando dei minha primeira aula como professor primário num povoado de Berna, procurei tudo o que pudesse perturbar a ingênua desenvoltura das crianças. Reconheci quase que instintivamente que toda crítica e toda correção tem um efeito ofensivo e destruidor sobre a autoconfiança e que o estímulo e o reconhecimento do trabalho realizado favorecem o desenvolvimento das forças. (ITTEN apud WICK, 1989, p. 123).

Conforme Wick (1989), Itten discutia os erros exaustivamente com seus alunos adultos, mas não os riscava nos desenhos. Para Itten, o corpo precisava despertar primeiro antes dos atos de criação, portanto, propunha exercícios corporais que antecediam suas aulas. Acreditava que o corpo, ao sentir e experimentar, libertava-se de movimentos caóticos e, assim, podiam emergir os exercícios de harmonização.

Itten também acreditava que a percepção ocorria pela relação entre opostos e propunha o trabalho com muitos contrastes: suave/áspero, leve/pesado, alto/baixo, frouxo/compacto, etc. Para ele, o estudo da natureza era basicamente o estudo de algo concreto, de modo que a linha e o traço pudessem ser sentidos como coisas concretas pelos alunos.

Segundo Wick (1989), a reforma liberal da pedagogia de Rousseau (1712-1778), Pestalozzi (1746-1827), Fröebel (1782-1852) e Montessori (1870-1952), entre outros autores, foi a base da pedagogia da Bauhaus da qual Itten foi um dos principais protagonistas. Em trecho de texto do próprio Itten, lemos o que ele pensa sobre "o verdadeiro professor", quando o compara a um jardineiro:

> ... ele prepara a terra e semeia. A semente germina de forma invisível no escuro seio da terra; no tempo certo, ela começa a crescer até que surge como jovem planta... da terra e de seu meio atmosférico ela colhe para si tudo que precisa. Sua essência desenvolve-se por si mesma para dar flores e frutos... O jardineiro inteligente avalia com todo cuidado sua esmerada ajuda. Ele sabe que sua ajuda é pequena, a força e o poder da natureza, ao contrário, são gigantescos. (ITTEN apud WICK, 1989, p. 154).

Se esse naturalismo pedagógico lembra Rousseau para Wick, identificamos também as propostas de Lowenfeld, não como *laissez-faire*, assim como não o era para Itten, mas como premissa moderna avessa à academia e ao intelectualismo. Favorável ao lúdico, distante das práticas que engessavam o aluno em ações sem a marca de sua individualidade, envolvendo-o com tarefas mecânicas, ditadas por adultos que determinavam o *script* da infância, sem a participação dos que eram os verdadeiros protagonistas. Esse poder exercido sobre as crianças de fora para dentro, de cima para baixo, aceito pela sociedade do período, deu lugar a uma educação centrada na criança que, por sua vez, ganhou espaço próprio no processo de suas experiências genuínas de criação artística.

VIKTOR LOWENFELD: PARES MODERNOS

Os Estados Unidos acolheram a experiência trazida de Viena por Lowenfeld. É importante contextualizar a dinâmica da escola tradicional para a progressista do país para que possamos entender como essa assimilação pôde ocorrer.

No início do século XX, pouco antes da experiência de Cižek em Viena, nos Estados Unidos, entre 1860 e 1915, também ocorreram mudanças no ensino de arte, que antes era orientado ao desenho técnico e voltado ao preparo para a indústria. Surgiram novas perspectivas, que levaram a proposições inovadoras envolvendo o desenvolvimento do gosto e as experiências com o belo na arte. O currículo de arte deixou de ensinar o desenho em etapas, em degraus que se sucediam em complexidade, para ampliar o ensino do artesanato e também da pintura e da escultura. Já a apreciação de obras de arte consagradas visavam à formação moral para influenciar os ideais das crianças com valores como o patriotismo, a simpatia, a coragem, a piedade e a beleza, pois se acreditava que artistas de diversos tempos deram isso ao mundo. Essas informações foram narradas e ilustradas no livro *Educating Artistic Vision*, de Elliot Eisner (1972).

Nesse livro, Eisner (1972) afirma que, apenas nos anos 1920, as ideias de John Dewey impactaram o ensino nos paradigmas da escola renovada, com a educação centrada no aluno. Mesmo assim, as primeiras experiências ocorreram nas escolas particulares e só alcançaram as públicas nos anos 1930. Antes disso, existiram projetos usando materiais como argila, madeira e couro para produzir objetos utilitários, com princípios de harmonia, repetição e balanceamento.

Para Eisner (1972), a escola progressista, renovada, enunciava o desenvolvimento natural, e o professor não precisava ensinar arte, mas desbloquear a criatividade e prover os meios de expressão e um ambiente favorável. Nesse texto de Eisner, seguem-se exemplos de desenhos de alunos da Escola de Franz Cižek, retirados do livro de Viola (1936), como ilustrações de trabalhos de crianças na orientação moderna.

Compreendo que as ideias modernistas de Lowenfeld sobre a arte infantil a circunscreve como uma fatura autoral, autotélica, conduta da função simbólica, nos mesmos termos de Piaget e Inhelder (1994), que conceituaram tal função definindo suas cinco condutas: imitação diferida, desenho, jogo, evocação verbal e imagem mental. A atribuição de valor ao desenvolvimento espontâneo da arte infantil foi recorrente no pensamento do começo do século XX, com origem no XIX, quando foi possível ver com novas lentes a criança e suas criações.

A arte infantil assim concebida ganhou espaço na educação com suporte em diferentes áreas: antropologia, arte, arte/educação, educação, epistemologia, filosofia, psicanálise e psicologia. Foi nesse momento, em que as características da arte infantil foram tomadas como universais e específicas da infância, que alguns pesquisadores desconstruíram abordagens comparativas anteriores, que relacionavam a ontogênese e a filogênese.

De qualquer forma, as teorias que deram suporte a estas reflexões associavam à arte das crianças identidade com a dos povos primitivos e pré-históricos, observando relações entre a ontogênese e a filogênese.

Frequentemente compararam-se os desenhos das crianças com os desenhos de selvagens e homens pré-históricos. O grande historiador alemão Karl Lamprecht, preocupado com a classificação das civilizações e dominado pela lei que enuncia a repetição da filogenia na ontogenia, teve a audaz ideia de recorrer aos desenhos das crianças para completar seus estudos históricos.

A beleza do sistema imaginado por Karl Lamprecht* me encantou e me preocupei em colaborar nas pesquisas iniciadas na Bélgica por este sábio professor. Fui levado a estudar comparativamente o desenho de crianças e de selvagens e homens pré-históricos e comprovei que as grandes semelhanças assinaladas entre os dois grupos de produções iconográficas eram mais aparentes que reais. (ROUMA, 1947, p. 11, tradução nossa). (Ver Fig. 2.10).

George Rouma (1881-1976), pensador belga, colaborador de Decroly,** foi autor destacado do desenho infantil, o qual estudou desde o começo do século XX e verificou nele uma natureza própria.

Sabe-se que cada termo como pensamento, sensibilidade e procedimentos da criança que se evidenciam na construção de sua arte, seguindo os pressupostos de epistemologia genética de Piaget, são aspectos estruturalmente diferentes

---

* Assim citado na bibliografia de Rouma (1947): Lamprecht, Karl – 1906. *Les dessins d'enfants comme source historique*. Bull de l'Àcad. Roy de Belgique, n. 9-10, p. 457-469.
** Assim citado na bibliografia de Rouma (1947):
"Decroly, O. -1906. Psycologie du dessin. Ecole Nacionale (Bruxelles), 15 junio 1906.
____.- 1912. La Psycologie du dessin. D'velopmment de l'aptitude graphique. (Journal de Neurologie, 20 de noviembre y 5 de dicembre de 1912)."

Figura 2.10 Capa do livro *Le Langage Graphique de l'Enfant*, de Georges Rouma.
Fonte: Rouma (1913).

dos mesmos termos presentes na arte de um artista maduro. Veremos a seguir dois trabalhos do artista Paul Klee, um de sua infância (Fig. 2.11) e outro da fase adulta (Fig. 2.12) para tematizar o que acabamos de afirmar.

Para ilustrar tal ponto de vista sobre a relação entre a arte de adultos e crianças, em acordo com a teoria piagetiana, considerei a existência de uma "invariância funcional", que ocorre no aprender a fazer arte, que põe à prova as "coordenações do sujeito" (procedimentos, ideias, imaginação simbólica) com as do objeto (meios, suportes e instrumentais em suas especificidades técnicas) nas múltiplas ações de descoberta e resolução de problemas envolvidos nos atos artísticos, pensados como experiências de conhecimento de si e do mundo, portanto, fazer arte é qualitativamente igual e estruturalmente diferente para crianças e adultos. Quanto aos aspectos qualitativos podemos ler o texto que se segue:

2.11 Cavalo e carruagem, 1883-1885. Lápis sobre papel sobre cartão (10,6 x 14,7 cm). Centro Paul Klee, Berna. 6 anos.
Fonte: Klee e Gisbourne (2007).

2.12 Carruagem de viagem, 1923. Lápis sobre papel sobre cartão (12/13 x 15,3/16,8 cm). Centro Paul Klee, Berna. 44 anos.
Fonte: Klee e Gisbourne (2007).

Tanto a história de Darwin, como qualquer processo formativo de ideias nas crianças, indicam que ambos perguntam à natureza e a outros, procuram respostas, seguem caminhos inesperados, descobrem. Em outros termos, os caminhos de criação não são patrimônio dos níveis superiores do desenvolvimento, mas sim de qualquer idade cognoscitiva; são complexos, têm ritmos individuais e são condicionados por uma variedade de fatores. (CASTORINA, 1988, p. 51).

Em uma curadoria de exposição que continha obras de Klee, comparando os dois desenhos das Figuras 2.11 e 2.12, que traziam o mesmo tema, um desenho de sua infância e outro do artista já adulto, o crítico de arte Kudielka (2007) desconstruiu a tese de infantilismo no desenho do artista que, segundo ele, foi descrita por Arnheim (1971). Kudielka (2007) nega essa tese afirmando que há em Klee, artista maduro, uma intenção deliberada de retorno aos temas infantis, entretanto, a fatura é de adulto.

Arnheim (1971, p. 96, tradução nossa), em seus comentários sobre a obra de Klee, não interpretou seus trabalhos como sendo infantis:

> Sem dúvida, em sua maioria essas obras de arte estavam muito longe de ser simples; antes do que o reflexo de uma visão ingênua de um mundo estável, tratava-se de refúgio à desconcertante complexidade do artista frente a si mesmo e ainda em si mesmo.
>
> Alguns artistas obtiveram a simplicidade mediante retiro no monastério da abstração. Na obra de outros, o que estava subjacente ao objeto parecia bastante simples, e a estrutura pictórica que empregavam tampouco era demasiado intrincada, mas, em vez de se apoiar reciprocamente, as estruturas do objeto e da forma, paradoxalmente, se contradiziam entre si.

Hoje, é comum acreditar que a criança tem facilidade para ler obras como as de Klee, Miró, Matisse, Kandinsky e Tarsila do Amaral, por elas serem próximas da arte infantil. Com base no pensamento de Abigail Housen (2011), pesquisadora norte-americana e autora contemporânea construtivista, que trata do desenvolvimento da compreensão estética, essa crença não corresponde às competências de fruição da criança, que também pode ler obras renascentistas, pois o faz a partir de sua competência leitora de imagens, de seus conhecimentos prévios, de sua estrutura operatória e das oportunidades que tem para fruir arte dentro e fora da escola.

Lowenfeld (1961), com sua abordagem de arte/educação modernista, deu pistas sobre o ensino de arte da escola contemporânea. Ambas as escolas têm como ponto de identidade uma criança ativa. Na escola contemporânea, além do saber "fazer arte" de modo autoral, as crianças e os jovens podem "fazer saber sobre arte", ou seja, são capazes de criar fazendo e refletindo na área.

O aluno contemporâneo reconhece a existência da arte no mundo do qual participa e no qual ele também, de certa forma, alinha-se ao artista, porque cria sem exclusão do trabalho dos artistas, não os mimetiza, mas os conhece para deles aprender e expandir as possibilidades de fatura e compreensão.

A razão moderna para que a arte da infância fosse separada da arte adulta advogava que apenas assim a produção artística infantil ganharia vida própria. Esse movimento libertou a criança da submissão aos padrões da arte adulta como modelo a ser alcançado desde a infância. Eisner (1972), como sublinhei, afirmou que, na escola tradicional norte-americana, a arte adulta servia como parâmetro à execução dos alunos e, quanto à apreciação, sua inclusão era orientada à formação moral.

As criações artísticas infantis de qualquer época são influenciadas pela arte. Do mesmo modo, a educação vigente e a concepção de criança interferem na forma como a arte da criança é trabalhada nas escolas. Hoje, reconhece-se na arte de crianças e jovens a presença de visualidades do entorno próximo e distante. Este último acontece por meio da ampliação do acesso a imagens via internet e diferentes mídias; a arte infantil também sofre influência das tecnologias disponíveis na contemporaneidade.

Levantando autores modernistas norte-americanos e europeus, cabe destacar, entre outros autores, aqueles cujas ideias me formaram para a prática em sala de aula e na formação de professores de arte. São eles: Rhoda Kellogg (1969), Florence de Mèredieu (1979), Arno Stern (1961, 1962, 1965), G. H. Luquet (1969) e Thomas Munro (1956). Minha maior identificação foi com Viktor Lowenfeld (1961).

Luquet (1969), que escreveu *Los dibujos de un niño*, em 1914, e *El dibujo infantil*, em 1927, foi o ponto de partida para a reflexão de vários pensadores da arte da criança, porque definiu fases do desenho infantil na criação espontânea. Lowenfeld e Piaget também leram Luquet e o trazem em suas bibliografias.

No Brasil, Luquet foi citado e criticado por Mario de Andrade a respeito de suas ideias sobre a passagem entre duas fases do desenho infantil, nomeadas pelo autor de realismo intelectual e realismo visual. Discordou também do autor sobre a reprodução da ontogênese na filogênese (FARIA, 1999). Entre os estudiosos brasileiros do desenho infantil, Luquet foi citado por Sylvio Rabello (1935) e consta, inclusive, da epígrafe de seu livro, *Psicologia do desenho infantil*. Divo Marino (1957) também trabalha e cita as concepções de Luquet, além de reconhecer o pioneirismo de Cižek.

ARTE/EDUCAÇÃO MODERNISTA E PÓS-MODERNISTA

Entre os autores estrangeiros que citam Luquet, destacamos dois que foram significativos para a arte/educação, Georges Rouma (1947) e Helga Eng (1931). Luquet é referência no livro *Tratado de psicologia experimental*, de Piaget e Fraisse (1968-1969), no capítulo "O desenho" (PIAGET; FRAISSE, 1968-1969), no qual os pesquisadores analisam, a partir das fases do desenho por ele descritas, as relações entre a construção do espaço pela criança e a expressão desse saber construído nos desenhos. Retornarei a Rhoda Kellogg, Florence de Mèredieu e Georges Luquet ao tratar dos arte-educadores pós-modernistas.

Em relação aos textos do arte-educador moderno Arno Stern (1961, 1962, 1965), realizarei análise e reflexão específicas, dada sua influência no trabalho de Mèredieu e a difusão e leitura de seus livros no Brasil, na época em que Lowenfeld foi lido. Os textos de ambos foram publicados em espanhol pela editora argentina Kapelusz. Valorizo Stern por sua concepção da arte das crianças e dos jovens, sem estagnação e como linguagem plástica de natureza simbólica e expressiva, mas também, por vezes, anedótica, aproximando-se da escrita. Stern, como Lowenfeld, é um autor que traz muitos indícios da pós-modernidade. Isso os torna diferenciados. Stern criou um método nos anos 1940, Closlieu, do francês *clos* (fechado, isolado) e *lieu* (lugar), difundido em vários países da Europa, da Ásia, da América do Norte e no Brasil. Closlieu era o nome dado a um ateliê frequentado por crianças e jovens no qual ele, o professor, criava um ambiente separado do cotidiano, próprio ao desenvolvimento da criação em pintura e desenho. Stern tem duas obras citadas por Lowenfeld (1961) em sua bibliografia.*

Nos anos finais da década de 1980, outros autores, a serem abordados neste trabalho, já situados nas concepções da arte/educação contemporânea, influenciaram o ensino de arte e do desenho nas escolas brasileiras.

ARNO STERN

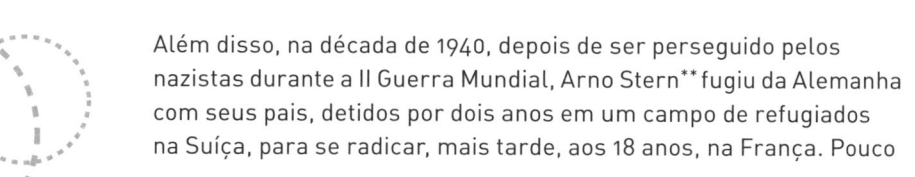

Além disso, na década de 1940, depois de ser perseguido pelos nazistas durante a II Guerra Mundial, Arno Stern** fugiu da Alemanha com seus pais, detidos por dois anos em um campo de refugiados na Suíça, para se radicar, mais tarde, aos 18 anos, na França. Pouco

---

* "STERN, A.; DUQUET, P. *Del dibujo espontáneo a las técnicas gráficas*. Buenos Aires: Kapelusz, 1961; e STERN, A. *Aspectos y técnicas de la pintura infantil*. Buenos Aires: Kapelusz, 1961" (LOWENFELD, 1961, p. 570, 574).
** Arno Stern (Kassel, Alemanha, 1924) é um educador artístico radicado na França que ao longo de sua prolífica carreira desenvolveu a "Teoria da formulação" (semiologia da expressão).

tempo depois, pediram-lhe para se encarregar de um grupo de meninas e meninos órfãos de guerra em um centro de cuidados.

Sem nenhum conhecimento prévio para realizar essa tarefa, mas com grande empatia e capacidade de escuta em relação às crianças, Stern descobriu a atração que provoca nas crianças uma caixa de tinta. Assim surgiu o primeiro de seus "ateliês", dando origem a uma longa atividade como pesquisador que o levou a desenvolver a tese da existência de um código universal, uma memória orgânica (formulação), constituída por figuras arcaicas, primárias e essenciais. (IVALDI, 2014, p. 13, tradução nossa).

O trabalho de Stern (1965) merece nossa atenção. Ele acredita que o professor de arte precisa dominar a técnica educativa e conhecer os mecanismos criadores dos alunos. Para o autor, a arte infantil é uma linguagem por meio da qual, ao mesmo tempo, a criança figura e simboliza. Nesse simbolismo, ocorre uma formulação que provém do campo do inconsciente, que torna possível uma comunicação simbólica.

De seus impulsos reprimidos, a criança faz nascer formas portadoras de um conteúdo sentimental ou carregadas de uma tensão emotiva. Essa formulação plástica é, às vezes, sua única liberação, expressão não fundamentada em um extrato do indivíduo, que, por não poder ser formulada em uma linguagem comunicável, se materializa em elementos simbólicos. (STERN, 1965, p. 7, tradução nossa).

O âmbito de análise do autor tem apoio psicológico e psicanalítico. Ele não insere bibliografia em seus livros, mas cita a Dra. Françoise Dolto (1908-1988), médica psicanalista francesa, que iniciou seu trabalho junto a crianças na primeira metade do século XX, com técnicas de jogo, adequação ao vocabulário infantil e escuta. Todos esses princípios colaboraram com o trabalho de Stern. A psicanalista escreveu a introdução do livro de Stern, inicialmente editado em francês, em 1959, e depois traduzido como *Comprensión del arte infantil* (1962) na publicação argentina. Dolto elogia Stern como um dos primeiros artistas que compreenderam o importante papel do adulto como guia experiente de crianças que têm necessidade de se expressar pintando ou desenhando. E, em uma visão modernista, ela afirma:

> Por isso, me sentia feliz ao ver como Arno Stern, no seu trabalho responsável de diretor de um ateliê de crianças, tomava e conservava uma atitude rigorosamente definida: a do professor que proporciona o clima, o ambiente e os materiais necessários para desenhar e pintar, e não a do psicólogo, terapeuta ou professor de desenho. (DOLTO apud STERN, 1962, p. 4-5, tradução nossa).

A referência a professor de desenho, feita por Dolto, sublinha aquele que na escola ensina a criança a representar a realidade, sem preocupação com a forma expressiva, mas com a exatidão.

Como os demais arte-educadores modernistas, Stern é contra a criança ser ensinada a alcançar o realismo, porque não acredita que tenha sentido para ela, pois funciona como um duplo da linguagem falada. Para ele, a arte infantil é completamente diferente da adulta e não deve ser considerada em sua finalidade. Acredita em uma educação artística que parte da criação espontânea da criança.

A questão da formulação simbólica cumpre o papel de jogo e é muito importante na teorização do autor, que a concebe acompanhada da linguagem, a qual tem o propósito de transpor sensações e conhecimentos que não podem ser ditos de outra forma. Entretanto, é a formulação simbólica que mobiliza a criação, mas precisa da imagem que, por meio de um "jogo de disfarce", lhe dará uma "roupagem figurativa". Portanto, a linguagem cumpre o propósito da comunicação, e o simbolismo mais profundo não deve vir à tona nas conversas do professor, que pode constatá-lo, mas, junto ao aluno ele apenas vai incentivar o impulso criador com perguntas do tipo: "Onde está...?, Para onde leva...?, Quem está lá...?" (STERN, 1965, tradução nossa).

Na página 15 do livro citado anteriormente, o autor nos surpreende usando a mesma terminologia de Wilson, Wilson e Hurwitz (1987), autores em cujo texto nos aprofundaremos ao estudar os arte-educadores pós-modernistas, validando atos de copiar imagens entre as crianças. Stern usa a palavra "empréstimo", exatamente como tais autores. Entretanto, ao contrário dos pós-modernistas, não autoriza o "empréstimo" das imagens da arte adulta, que classifica como corpos estranhos, sem relação com o contexto infantil.

É interessante como Stern, para comunicar suas ideias ao leitor, opera por analogias. Demonstra intenção de formar outros educadores como todos os pensadores da arte/educação, sejam modernos ou contemporâneos, que foram professores de arte junto a crianças e/ou adolescentes, como podemos ler a seguir em seu texto, sobre o que é necessário à compreensão da produção artística da infância.

> Se se quer compreender a obra infantil, é indispensável acostumar-se a essa linguagem plástica que se parece a uma linguagem dramática. Este ficar acostumado a isto se assemelha muito ao que o espectador europeu precisa ao entrar em contato com o teatro, a música ou a dança do Extremo Oriente. (STERN, 1965, p. 85-86, tradução nossa).

Essa intenção formativa à qual me referi anteriormente denota um compromisso com a arte/educação em um sentido mais lato do que a difusão da própria teoria. Lowenfeld, muito generoso e desejoso de transformação da arte na educação e da sociedade, deixa claro que aprendeu com vários autores que formularam textos sobre os temas de que trata.

> Muitos são os livros escritos sobre a arte infantil, e todos contribuíram para esclarecer nossa compreensão. Demonstrou-se que esta arte tem características próprias, que, como a própria infância, representa uma fase muito importante de nosso desenvolvimento. Em geral, pode-se afirmar que é por intermédio da arte que se revela a imaginação inconsciente da criança, livre de todo freio crítico. (LOWENFELD, 1961, p. 309, tradução nossa).

Encontramos uma das analogias mais lindas de Stern quando ele fala da necessidade do trabalho no ateliê, ponto forte de suas orientações, que traduz sua visão da arte da criança e do jovem. Foi a essa ideia de ateliê que ele deu o nome de "Closlieu", lugar fechado, separado, isolado.

> O ateliê é um mundo à parte e, em muitos casos, um refúgio. Isso não quer dizer que a educação que nele tem lugar tente separar a criança da sociedade, arrancando-a das dificuldades e obrigações

ARTE/EDUCAÇÃO MODERNISTA E PÓS-MODERNISTA

de que é feita a vida. Mas, por acaso, se conserta um casco perfurado de barco em alto-mar? Temos que colocá-lo em um dique seco! (STERN, 1965, p. 88, tradução nossa).

Stern diz que existem imagens clássicas da arte infantil – sol, casa, árvore flor, pássaro, a figura humana –, e que esse repertório de signos evolui; isto é, a imagem muda de aspecto entre um trabalho e outro da criança. Ele relaciona evolução e permanência nessa gênese. Como Matthews (2003), autor pós-moderno que também será abordado, Stern valoriza a compreensão da gênese das imagens na arte infantil, portanto, traz esse indício do contemporâneo e não apenas discorre sobre a transformação das imagens, mas ordena uma gramática das formas comuns ao repertório infantil, citada por Mèredieu (1979), autora modernista e seguidora de Stern (Fig. 2.13).

Em relação à valorização da gênese que se desenvolve por meio de uma gramática, Stern está próximo do construtivismo. Quando afirma que não é apenas a idade que determina a evolução do desenho, atribuindo-a também à experiência adquirida, compreende que a estrutura de desenvolvimento cognitivo é um limite necessário, mas não suficiente, ao desenvolvimento que depende de experiências sucessivas.

> A evolução não é a mesma se uma criança entra no ateliê aos 6 anos ou aos 12. Não é apenas a idade que determina a evolução. A experiência adquirida no domínio da técnica de expressão intervém bastante. Um quadro de uma criança de 10 anos pode ser "tecnicamente" menos avançado do que outro, cujo autor só tem 6, mas que pinta há muito tempo. Contudo, a obra de um menino pequeno, experiente, não corresponde, evidentemente, à de outro maior, principiante. A idade e a técnica são dois valores paralelos. (STERN, 1965, p. 43-44 tradução nossa).

Housen (2011), autora construtivista que pesquisou a gênese do desenvolvimento estético na leitura de imagens da arte, defende o mesmo ponto de vista.

Para Lowenfeld, os temas da arte infantil são os mesmos ao longo do desenvolvimento, pois representam as relações da criança com o seu meio. Entretanto, reconhece que o modo de uma criança de 5 anos de desenhar uma árvore será diferente do de outra de 12 anos, se ambas estão se desenvolvendo plenamente, e atribui isso às possibilidades das estruturas do pensamento.

2.13 Bonecos: batata, estrada e flor.
Fonte: Meredieu (1990).

Lowenfeld e Stern, mesmo sendo artistas e conhecedores de arte, conceberam o papel do professor junto a crianças e jovens como um orientador que, entre outros conhecimentos, também se utiliza de técnicas educativas. Portanto, os professores trazem mais indícios do contemporâneo nesse aspecto, enquanto Cižek, que identificou tais proposições com a pedagogia praticada na escola tradicional, excluiu-as de sua proposta.

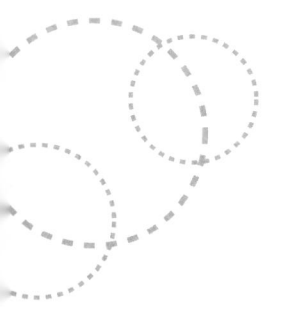

Eu libertei a criança. Antes de mim, as crianças eram punidas e repreendidas por garatujar e desenhar. Eu as salvei desse tratamento. Eu disse a elas: o que vocês fazem é bom. E humanizei algo que até então era tratado com desprezo. Eu mostrei aos pais o poder criativo das crianças. Mantive os pais longe dos filhos. "Entrada proibida para maiores". Antigamente os pais e os professores suprimiam as melhores coisas das crianças. Mas eu fiz tudo, não do ponto de vista do pedagogo, mas como ser humano e artista. Essas coisas não são alcançadas pela pedagogia, mas vêm do artístico e do humano, ou da artisticidade humana. (CIŽEK apud VIOLA, 1944, p. 34, tradução nossa).

De qualquer forma, os autores modernos foram defensores incontestes e guardiões da liberdade criadora da criança por meio de sua arte, deixando-a livre da interpretação psicológica de suas faturas, como foi dito por Stern e Lowenfeld.

VIKTOR LOWENFELD: OBRAS

"No trabalho de Lowenfeld, um senso refinado de compreensão, espírito sistemático e pesquisa sem preconceitos estão combinados" (EINSTEIN apud MICHAEL, 1986, p. xv, tradução nossa). Lowenfeld (1903-1960) foi amplamente estudado no Brasil, principalmente nos anos 1960 e 1970. As ideias difundidas aqui versaram sobre a arte da criança e do jovem como fator de desenvolvimento do potencial criador e de equilíbrio entre o pensar, o sentir e o perceber. Uma concepção importante de Lowenfeld foi a divisão da arte da criança e do jovem em fases, acompanhando o desenvolvimento intelectual, com aspectos e características comuns a todos os alunos da mesma faixa etária, observando em cada fase a expressão individual e a valorização dos processos de criação, com menos ênfase no produto.

A obra de Lowenfeld é vasta: trabalhou arte com cegos e pessoas com baixa visão, em um ato de resistência aos encaminhamentos médicos tradicionais de sua época com pessoas não videntes, pesquisou a questão da criatividade e da arteterapia. Entre os temas relevantes de sua obra, serão destacados os textos que tratam diretamente do desenvolvimento do potencial criador em arte na educação de crianças e jovens.

Em 1939 na Inglaterra foi publicado, depois reimpresso em 1959, seu livro *The Nature of Creative Activity*, que compreendo ser a base de toda sua obra. No prefácio, escrito por Lowenfeld em Viena, em 1938, podemos ler:

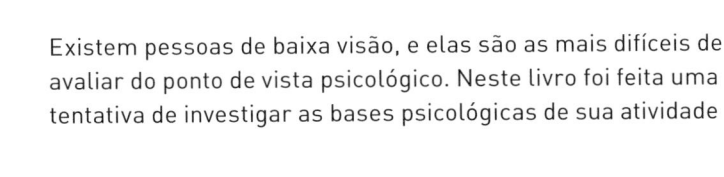

> Existem pessoas de baixa visão, e elas são as mais difíceis de avaliar do ponto de vista psicológico. Neste livro foi feita uma tentativa de investigar as bases psicológicas de sua atividade

criativa. Fazendo a análise do trabalho artístico dos de baixa visão será possível realizar uma aproximação ao fenômeno do limiar entre ver e não ver e, assim, encontrar a separação entre as duas experiências visuais e não visuais. (LOWENFELD, 1959, p. xiv, tradução nossa).

As publicações relevantes que reúnem a obra de Lowenfeld são apresentadas a seguir, entre elas, as originais e suas traduções para o português, e destacamos as tratadas em nosso trabalho:

- *Creative and Mental Growth*. 3. ed. New York: The Macmillan Company, 1957.
- *The Nature of Creativity*. 2. ed. London: Routledge & Kegan Paul, 1959.
- **Desarrollo de la capacidad creadora**: vols. 1 e 2. Buenos Aires: Kapelusz, 1961.
- **Speaks on Art and Creativity**. Virginia: NAEA, 1968, 1981.
- **The Lowenfeld Lectures**: Viktor Lowenfeld on art education and therapy. Pennsylvania: Pennsylvania State University, 1982.
- **Lowenfeld, V.; BRITTAIN, W. L. Desenvolvimento da capacidade criadora**. São Paulo: Mestre Jou, 1977.
- *Your Child and His Art*: A Guide for Parents. New York: Macmillan, 1954.
- *A criança e sua arte:* um guia para os pais. São Paulo: Ed. Mestre Jou, 1977.

A publicação de palestras, cujo título é *Viktor Lowenfeld: speaks on art and creativity,* editada por W. Lambert Brittain, teve sua primeira impressão em outubro de 1968 e a segunda em janeiro de 1981, ambas publicadas em formato de caderno pela National Art Education Association. As demais publicações são livros.

CONCEPÇÕES DE LOWENFELD NO LIVRO *DESARROLLO DE LA CAPACIDAD CREADORA*

O livro *Desarrollo de la capacidad creadora*, de 1961, foi editado pela Kapelusz, apenas com a autoria de Lowenfeld, e traduzido para o espanhol da primeira edição em inglês, *Creative and Mental Growth* (1947), impresso pela Macmillan Company. Esse livro foi expandido e reeditado em coautoria com Brittain, seu aluno e colaborador, após sua morte em 1960. Posteriormente, foi traduzido para o português com o título *Desenvolvimento da capacidade criadora* (LOWENFELD; BRITTAIN, 1977), pela Editora Mestre Jou.

Na edição em espanhol de 1961, Lowenfeld cita, entre outros temas, a formação escolar e pensa em um planejamento das escolas para os jovens, faixa com a qual se preocupava devido à pouca produção teórica em educação a eles dirigida. Para o autor, as orientações pedagógicas em arte deveriam estar de acordo com as necessidades dos adolescentes, para que tivessem oportunidade de expressar suas ideias e emoções, com variedade de materiais, sem expectativas de produções perfeitas (LOWENFELD, 1961). O respeito à diversidade, com base em ideias, necessidades, interesses e a singularidade do jovem, coincide com as propostas dos desenhos curriculares contemporâneos. Ao longo de seu texto sobre o período da decisão, como nomeia a fase da adolescência, o autor inclui, além de propostas que levam os alunos a viver experiências com os meios e suportes artísticos, a interlocução dos jovens com temas que os mobilizam, promovendo o envolvimento nas atividades artísticas. Os procedimentos sugeridos são provenientes do universo da arte adulta, ou seja, das práticas sociais da área, o que está em correspondência com as orientações do currículo contemporâneo.

Compreendo que Lowenfeld queria que a criança e o jovem entendessem, a partir de si mesmos, como fazer arte. Tal proposta de metacognição compõe o pensamento contemporâneo do ensino da arte. Na arte moderna, cada artista tem suas regras ao construir seus trabalhos, e as crianças e os jovens, na compreensão de Lowenfeld, também agem assim.

Os sujeitos de Lowenfeld, segundo suas afirmativas, fazem arte como expressão do eu e de modo inconsciente até a adolescência (14 a 17 anos), sendo que na pré-adolescência (12 a 14 anos) precisam de apoio para que o "eu" possa ser expresso, por intermédio de diferentes meios (materiais e técnicas), devido às resistências geradas pelas representações de si e da acentuação da crítica. Entretanto, para o autor, a autoexpressão segue se manifestando. O adolescente requer a entrada mais efetiva no mundo da arte adulta propriamente dita, porque nessa fase o *período da decisão* é o início da arte intencional e deliberada do jovem, afirma Lowenfeld (1961) em seus prenúncios pós-modernistas.

A entrada do adolescente no mundo das obras de arte é autorizada por Lowenfeld apenas para que ele possa observar os procedimentos que usa nas obras dos artistas, na medida em que conhecê-los se faz necessário à resolução de problemas específicos de seu trabalho. Tal orientação didática garante que a complexidade requerida pela autoexpressão nessa fase seja contemplada pelo acesso a imagens de obras.

Lowenfeld (1961, p. 321, tradução nossa) assim se refere à necessidade de preparo do adolescente para viver na sociedade da época:

Preparar os estudantes, mediante experiências integradoras, a aprender e compreender a interação e as amplas relações que se estabelecem nas situações comuns da vida, constitui uma das mais importantes facetas da preparação para a cidadania. Já tratamos extensamente o ponto de que as experiências artísticas em geral são por si mesmas integradoras, pelo fato de que combinam o pensamento com os sentimentos e a percepção de modo inseparável.

Os conceitos descritos são um indício do currículo construtivista, que propõe tanto a formação para a cidadania quanto a participação social e o reconhecimento das aprendizagens escolares na vida cotidiana. Lowenfeld sugere, nesse livro, temas para estruturação de um programa unificado e integrado, com propostas aos professores que trabalham com adolescentes com uma série de notas explicativas numeradas, cuja leitura ele recomenda e, para que tal proposta se concretize, reitera a importância da sensibilidade do professor. Entre os títulos das notas para leitura dos professores que o autor destaca e desenvolve mais detalhadamente citamos "Escultura na escola secundária", "Pintura de cavalete", "Experiências na casa", "Experiências na indústria" (ofícios), "Experiências na comunidade", "Experiências na natureza", "Formas emocionais do desenho", "Esboçando", "O desenho e sua função", entre outros títulos.

Antes de desenvolver o programa, Lowenfeld (1961, p. 322, tradução nossa) alerta o leitor:

As zonas a seguir nos parecem significativas, mas uma extensão delas, ou a criação de subzonas pelo leitor, está liberada a ele, pois esse plano deve ser considerado apenas como um ponto de partida para ser adaptado a qualquer meio particular:
- Experiência do eu
- Experiências na casa
- Experiências na comunidade
- Experiências na natureza
- Experiências na indústria

Para Lowenfeld (1961), a experiência integradora ocorre pela própria natureza da atividade artística, que articula as vivências do aluno à sua autoexpressão com liberdade. A concepção de currículo aberto à criação pelos professores em cada contexto educativo é contemporânea e, mesmo reconhecendo a diferença no desenvolvimento das ideias pedagógicas da época do autor e das expressas nos PCN – com as quais estou de acordo –, que foram propostos como documentos abertos, previu-se que funcionassem como ponto de partida à elaboração curricular pelos professores e pelas equipes das redes escolares.

Os cinco tipos de experiências anteriormente enunciados por Lowenfeld envolvem aspectos emocionais do adolescente, mas também muitos conteúdos do universo da arte. Ele trata da dança, da música e do teatro em propostas interdisciplinares com as artes plásticas:

> Escultura:
> a – Faça uma forma tridimensional que siga uma música
> b – Modele máscaras que indiquem:
>   "Cantando uma canção triste"
>   "Cantando uma canção melancólica"
>   "Cantando uma canção alegre"
> (LOWENFELD, 1961, p. 358, tradução nossa)

Como vimos, a entrada no universo da arte adulta pelos adolescentes dava-se por intermédio da história da arte, mais precisamente via obras de arte analisadas com a função de colaborar com as dificuldades na resolução de problemas encontrados na fatura artística pelos jovens. Por exemplo, se um aluno queria, mas não sabia como usar luz e sombra, Lowenfeld mostrava a ele a resolução desses dois elementos, salientado suas nuances e suas diferentes aplicações ao longo da história da arte. As diferenças no uso da luz e da sombra nas obras de arte devem-se, segundo Lowenfeld, às forças impulsoras da obra relacionada com quem a fez, à época e ao lugar onde vivia o artista, portanto, não acreditava na universalidade e atemporalidade da arte adulta, apenas da infantil.

> Uma obra de arte não é um produto da natureza, mas a consequência do espírito humano, dos pensamentos e das emoções do homem, e só pode ser entendida quando se compreendem quais são as forças impulsoras que levaram à sua criação.
>
> [...] por isso, é importante mostrar as diferentes qualidades das forças impulsoras que guiaram os mais diversos trabalhos de arte das distintas épocas e culturas.

Na História da Arte, o significado das luzes e sombras passou pelas fases mais diversas e interessantes. Se alguém tivesse que escrever essa história baseada no significado das mudanças produzidas em épocas e culturas diferentes, teríamos uma das histórias da arte mais interessantes. (LOWENFELD, 1961, p. 316 e 453, tradução nossa).

Diante da consciência da limitação do próprio trabalho expressa por muitos adolescentes, Lowenfeld e Brittain (1977) sugerem expandir o conhecimento do conceito de história da arte, apresentando ao jovem artistas modernos e contemporâneos que desconstroem a figuração realista, uma das causas do bloqueio criativo da adolescência. Citam também Chagall e Klee, artistas que não reproduzem o real. Afirmam que a natureza morta, a cena de aquarela, o padrão de tapeçarias e pequenas esculturas são pouco atraentes ao estudo dos jovens.

Não existe uma arte definitiva. Tradicionalmente, a arte tem sido reflexo da cultura em que se desenvolveu. Não há regras para o êxito artístico, pois as regras são feitas pelas pessoas e estas estão constantemente mudando. Para que a arte seja válida, deve refletir o indivíduo que a produz. Isto é tão certo para este nível escolar quanto para o artista profissional. Nenhuma obra de arte se mantém isolada da cultura em que se manifestou, nem do indivíduo que a engendrou. O trabalho artístico não pode ser criado por alguém que não esteja profundamente envolvido, pois a arte se manifesta à base das emoções do homem e expressa as experiências e necessidades do autor da obra. (LOWENFELD; BRITTAIN, 1977, p. 349).

Nesse trecho do capítulo sobre os adolescentes, os autores explicitam o discurso corrente na modernidade entre artistas, críticos e historiadores da arte e dão muitas indicações de como deveria ser a orientação das atividades artísticas nas escolas dos jovens. Lowenfeld e Brittain reconhecem a história da arte considerando a existência de várias histórias da arte, que se configuram conforme seus historiadores. Esse paradigma é parte do pensamento contemporâneo da arte e da arte/educação, que nos alerta sobre a importância do ensino da diversidade cultural em favor da diminuição do preconceito com as diferenças, ampliando a possibilidade de coexistência dos povos, sem hierarquizações entre artes das diferentes culturas, produzidas em diversos tempos e lugares. Essa é a proposta dos documentos dos Parâmetros Curriculares Nacionais (PCNs), ainda hoje orientadores do currículo de arte (BRASIL, 1997, 1998a, 1998b), e que carregam uma postura pós-moderna.

Os autores reconhecem a aproximação do adolescente com a arte adulta e suas práticas sociais pelo viés procedimental associado à história da arte. Isso nos indica um caminho em direção ao que está no horizonte: a arte/educação pós-modernista.

Nos PCNs, a interação com a arte adulta foi proposta para todas as idades, e não apenas pelo viés procedimental, mas também por intermédio dos conceitos, dos valores e das atitudes presentes nas linguagens das artes (artes visuais, dança, música e teatro) e nos sistemas que as ordenam. A arte/educação pós-moderna se valida da interação da criança com o universo da arte, na qual se verifica que a influência das imagens da arte adulta na infantil pode ocorrer precocemente, como veremos na análise e reflexão sobre os textos de Matthews (2003), arte-educador contemporâneo.

A capacidade criadora, o respeito à individualidade, a prevenção dos estereótipos e a consideração dos tipos háptico (sensorial) e visual (racional) são tendências individuais que se expressam na arte dos alunos e que, veremos adiante, percorrem todos os textos de Lowenfeld, que lutou para opor a autoexpressão à cópia de modelos.

Em decorrência das ideias desenvolvidas no livro *Creative and Mental Growth*, inicialmente publicado em inglês, em 1947, e traduzido para o espanhol como *Desarrollo de la capacidad creadora* (1961), Lowenfeld criou outro título, que trazia uma síntese das ideias centrais do primeiro, com data de 1954, na edição norte-americana *Your Child and his Art: A Guide for Parents*, traduzido para o português como *A criança e sua arte*, em 1977. Essa publicação foi dirigida aos pais, que Lowenfeld tanto prezava orientar para que apoiassem seus filhos nas ações artísticas. Voltarei a esse livro quando tratar das concepções gerais de Lowenfeld.

CONCEPÇÕES DE LOWENFELD NA PUBLICAÇÃO *SPEAKS ON ART AND CREATIVITY*

As palestras às quais vou me referir foram proferidas no curso ministrado por Lowenfeld na Pennsylvania State University, em Ohio, em 1958. Nelas, Lowenfeld discorreu sobre arte e criatividade no recorte das artes plásticas, com o objetivo de difundir o valor da área na educação de crianças e jovens e a necessidade de novas orientações sobre o tema junto a educadores e pais. Ele abordou o significado da expressão criativa individual desde suas primeiras manifestações nas garatujas, valorizando o papel do ser criativo na educação e na vida em sociedade.

Nas palestras, Lowenfeld se colocou como pensador avesso ao *laissez-faire*, suas orientações visavam ao encontro da criança com a autoexpressão e, para tanto, cabia aos professores acompanharem atentamente cada aluno em seus atos criativos, incentivando a ruptura com estereótipos – formas de arte estagnadas, repetidas e sem desenvolvimento criativo. Era contra interpretações psicológicas da arte infantil, porque, para ele, o equilíbrio pessoal e os achados psicológicos cabiam à própria criança elaborar, sem ações invasivas a seu mundo interior pelos adultos no espaço escolar. Argumentava, ainda, que não bastava ao professor apenas observar o aluno, recebendo sua produção artística como se estivesse sempre tudo muito bom, pois o trabalho dos professores começa quando o aluno termina o seu.

Relata um episódio no qual se deparou com uma situação em que algumas crianças desenhavam livremente, ocupando o papel, e de outras que timidamente implantavam seus desenhos apenas em um canto. Diante disso, convidou-as a se imaginarem em um rinque de patinação e lançou perguntas sobre o deslocamento livre do corpo por todo o espaço e apenas em um canto ao patinarem, incentivando para que elas promovessem, por intermédio de relações entre duas experiências diferentes, a ampliação de seu "campo de referências". Segundo Lowenfeld, tais propostas envolvem uma dupla descoberta pela criança sobre a liberdade em usar linhas e movimentos e também sobre as restrições nesse uso (MICHAEL, 1982, p. 59-60).

Nesses procedimentos didáticos citados por Lowenfeld, com crianças de 9 anos, verifiquei indícios do que virá a ser nomeado de "intervenção didática" na pós-modernidade, que, no exemplo citado, já está em curso na modernidade. Nessa proposta, o professor não é apenas um incitador, como se afirmou no discurso modernista, que criava as condições adequadas ao desenvolvimento espontâneo; Lowenfeld observou a produção dos alunos e lançou desafios à resolução problemas de deslocamento espacial, associado à ocupação do campo bidimensional do papel. Promoveu diálogos com perguntas visando a conscientizar os alunos sobre a possibilidade de faturas livres de inibições. Portanto, Lowenfeld trabalhou com a resolução de problemas, com a ressalva de que, diferentemente das intervenções didáticas pós-modernas, o problema nasceu das inibições dos desenhistas, assim por ele avaliadas, sem remissão a poéticas de artistas.

O pensamento de Lowenfeld foi importante ao se opor aos livros para colorir, situando-os como inimigo nº 1 da criatividade. Apoiado em pesquisas, afirmou que 65% das crianças norte-americanas que usaram esses livros ficaram dependentes e sem flexibilidade em seus trabalhos de criação, repetindo formas sem transformá-las. Para o autor, a experiência artística promove, ao contrário desses livros, a liberdade de pensamento e a independência. Pude verificar as mesmas ideias de Lowenfeld na prática de professores e arte-educadores brasileiros, que se opuseram a propostas com imagens estereotipadas feitas por educadores ou por eles copiadas de livros e multiplicadas no mimeógrafo para que crianças as colorissem em sala de aula desde a educação infantil.

Lowenfeld reconheceu nas crianças duas inclinações ou tendências artísticas, que nomeou de "tipos", que se diferenciam entre si, mas participam em diferentes graus, um do outro. Segundo o autor, alguns alunos são mais visuais e outros mais táteis na relação com sua arte. Assim, classificou-os em dois tipos: hápticos, aqueles que se atêm à experiência sensorial do tato, e visuais, os que se inclinam à precisão das formas observadas, tendendo mais aos aspectos cognitivos e de precisão por intermédio da visão. Para exemplificar o pensamento do autor, entre os artistas, acredito que se pode identificar a tendência sensorial em Iberê Camargo e Pollock e a tendência visual nos trabalhos de Mondrian e Sacilotto. Tais categorias foram criadas por Lowenfeld a partir de seu trabalho com pessoas de baixa visão, portanto, opondo visuais e táteis.

A experiência da criança pode permanecer como conhecimento passivo, segundo Lowenfeld, mas, na expressão artística, esse conhecimento pode se tornar ativo, ou seja, consciente. Outro aspecto relevante nos atos de conhecimento para Lowenfeld é o envolvimento pessoal com os temas estudados. Ele exemplificou isso citando um estudo em sala de aula sobre *como os pássaros passam o inverno* e escreveu que é necessário à criança se imaginar como um pássaro no inverno, para ficar implicada no estudo, envolvida pessoalmente, sem se posicionar como alguém de fora. O autor sugere, portanto, a necessidade de implicar a criança individual e corporalmente, no caso, em seus estudos. Lowenfeld orientou a atividade a partir do conceito de experiência, como parte do aprender, e essa ideia tem origem no pensamento moderno de Dewey (2010). Nas práticas pós-modernas, o envolvimento do aluno nos atos de aprendizagem pode ocorrer sem que necessariamente tenha de se colocar no lugar do pássaro para conhecer como ele passa o inverno, mas assimilando conteúdos sobre os pássaros na estação mais fria, com atitudes sensíveis e responsáveis em relação à vida das aves em pauta.

Lowenfeld reitera ser necessário ao indivíduo ser sensível a si mesmo e ao meio para que possa criar em arte, dando ênfase à individualidade, que não pode ser confundida com egoísmo ou alienação social. Ele afirma que a liberdade individual da arte contemporânea norte-americana é uma grande arma daquela sociedade, pois nela a manifestação artística se opõe à comunicação de massas e quer educar a sensibilidade em relação aos problemas que afetam a todos. Sabe-se que a crítica à sociedade de consumo, emergente depois da Segunda Guerra Mundial e tematizada na *Pop art*, foi um aspecto importante da arte norte-americana, como veremos adiante.

A ideia de criatividade ganhou força nos Estados Unidos depois que a União Soviética lançou o Sputnik, satélite que circulou na órbita da Terra em 1957. Isso desafiou e levou os políticos e educadores norte-americanos a acreditar que o ensino de ciências e matemática precisava ser revisto e, nessa esteira de pensamento, a arte foi considerada uma disciplina a ser tratada como as demais, por lidar com a criatividade. Lowenfeld afirmou se envergonhar do fato de a criatividade interessar aos norte-americanos pelo desafio lançado pelos russos, visando a alcances estritamente materiais. O interesse pela criatividade na educação desorientou as avaliações anteriores do saber dos alunos com base no quociente de inteligência (QI), que media apenas os aspectos intelectuais. Já o pensamento criador do ensino orientado à criatividade é difícil de ser mensurado.

A criatividade para Lowenfeld não se confunde com alto QI ou dom nem se restringe às artes. Ela foi enfatizada nas palestras de Lowenfeld como competência necessária aos professores, porque eles não são mágicos ao promoverem a criatividade: precisam ser seres criativos para poder ensiná-la. É necessário que o professor viva processos criadores para saber o que significa gerar ordenações a partir de estados de desordenação, próprios dos atos criadores. A criatividade seguirá sendo proposta no pensamento pós-moderno de capacitação de professores, mas nele se destaca a necessidade de experiências de criação artística pelo professor como conteúdo de sua formação.

Lowenfeld tem consciência de que a criatividade deve ser orientada a propósitos humanitários, porque também pode visar estritamente a valores materiais e à destruição. A criatividade, para ele, não pode ser banalizada como um conceito da moda. Recorre a afirmações de pesquisadores como o Dr. J. P. Guilford (1939, 1950), da University of Southern California; de seu parceiro em textos, W. Lambert Brittain, da Cornell University; e da sua própria equipe de pesquisadores da Pennsylvania State University. O autor afirma que os estudos independentes de Guilford e Brittain chegaram aproximadamente aos mesmos oito critérios que definem a diferença entre criatividade e a falta dela, que assim se enumeram: "sensibilidade a problemas; fluência; flexibilidade; originalidade; redefinição ou habilidade de rearranjo; análise ou habilidade de abstrair; capacidade de síntese e coerência de organização" (LOWENFELD, 1981, p. 48).

É interessante notar no discurso de Lowenfeld a associação que ele faz desses critérios com os procedimentos dos artistas contemporâneos. Ao falar sobre a habilidade de tirar contínua vantagem de situações mutáveis, cita a *action painting* como modalidade de pintura que tira proveito das situações que mudam durante o processo. Isso pode ser observado, cremos, na pintura do artista norte-americano Jackson Pollock (1912-1956), cujo rearranjo de ação é constante em função do que é gerado por sua técnica de *dripping* (respingos de tinta), executada em telas sobre o chão que depois são verticalizadas.

A compreensão das necessidades dos alunos, de seu modo de sentir, de se relacionar com as coisas e de imaginar é um aspecto fundamental ao pensamento de Lowenfeld. Ele percebeu que as crianças tinham muitos brinquedos, de modo que perdiam a profundidade no desfrute de cada um deles. Sua ideia era se opor ao consumo massificado da sociedade norte-americana, e, nesse sentido, acompanhou o movimento artístico emergente nos anos 1950 nos Estados Unidos, a *Pop art*, que se firmou nos anos 1960 e teve adesão de artistas brasileiros do mesmo período, como Claudio Tozzi, Rubens Gerchman e Nelson Leirner.

Lowenfeld (1968, p. 52-53, tradução nossa) diz que os professores são importantes para que a identificação da criança com sua arte seja plena quando se expressa, porque, para ele, nos esforços criativos, ocorre uma verdadeira integração.

> É apenas por meio da identificação intensa com uma experiência que a criança pode alcançar a integração, e, somente assim sensibilizada, a criança pode se autoexpressar criativamente; que o professor desempenha um papel muito importante no desdobramento do processo é bastante evidente.

A arte, para Lowenfeld, é indissociável do espírito humano que a criou e de suas emoções. O autor pensa que a criatividade serve às demais áreas do conhecimento e que esse fato atribui muita responsabilidade ao professor de arte. Se para a didática contemporânea compreender é criar conhecimento novo para si em todas as áreas e arte é conhecimento, temos, nessa formulação do autor, mais um indício da atualidade.

A publicação da National Art Education Association (NAEA) (LOWENFELD, 1968, 1981) possibilitou sintetizar os objetivos do autor na comunicação de ideias sobre arte/educação junto ao seu público norte-americano. Ele deu palestras em diversos estados do país para pais e pessoas interessadas na educação das crianças. Sempre se preocupou em conscientizar os familiares sobre seu importante papel na vida artística dos filhos.

O Dr. John A. Michael, que foi aluno de Lowenfeld e editou 31 de suas palestras – *The Lowenfeld Lectures* (1982), publicadas pela Penn State – informou na introdução que os livros de Lowenfeld foram traduzidos para o alemão, hebraico, sueco, norueguês, japonês, árabe, italiano, espanhol, dinamarquês e chinês.

Os títulos das palestras publicadas pela NAEA (LOWENFELD, 1968), na 2ª edição, em 1981, são: "On the Significance of Individual Creative Expression"; "On the Discrepancy between our Scientific and Social Values"; "On the Importance on Early Expression"; "On Fostering Creative Sensitivity"; "On Integration in Art and Society"; "On Creativity in Education"; "On Research and the Creative Process"; "On the Adolescence of Art Education" e "On Stereotypes and Insecure Child".

Verificamos nos temas eleitos por Lowenfeld sua preocupação com o outro, a justiça, o meio ambiente e os valores humanos fundamentais. Portanto, as questões sociais e a formação orientada à cidadania, presentes nos currículos contemporâneos, já foram, de certa maneira, enunciadas por Lowenfeld em 1947, meio século antes de serem tratadas como temas transversais nos Parâmetros Curriculares Nacionais (BRASIL, 1996). Nilson Machado (1997, p. 47) esclarece sobre o conceito de cidadania na contemporaneidade:

> De fato, associando-se as noções de cidadania e de projeto em sentido amplo, tal como anteriormente se delineou, nada parece mais característico da ideia de *cidadania* do que a *construção de instrumentos legítimos de articulação entre projetos individuais e projetos coletivos*. Tal articulação possibilitará aos indivíduos em suas ações ordinárias, em casa, no trabalho ou onde quer que se encontrem, a participação ativa no tecido social, assumindo responsabilidades relativamente aos interesses e ao destino de toda a coletividade. Neste sentido, educar para a cidadania significa prover os indivíduos de instrumentos para a plena realização desta participação motivada e competente, desta simbiose entre interesses pessoais e sociais, desta disposição para sentir em si as dores do mundo.

Se para Lowenfeld a arte se destaca na promoção do equilíbrio das instâncias que participam do desenvolvimento integrado da criança e do jovem – pensamento, percepção e sensibilidade –, nisso encontramos indícios do currículo contemporâneo (BRASIL, 1997, 1998a, 1998b; ZABALA VIDIELLA, 1998), no qual se articulam conteúdos cognitivos, procedimentais e valores, que na pós-modernidade articulam-se aos eixos das aprendizagens significativas da área (fazer, fruir, refletir e saber contextualizar arte).

Na leitura de *Speaks on Art and Creativity* (LOWENFELD, 1981), encontramos um eloquente educador, repleto de humanidade, conhecimento de arte, arte da criança e do jovem, educação, filosofia, psicologia, questões políticas e respeito às diferenças sociais e culturais. O respeito à diversidade cultural, de credo, de origem, de gênero ou social também é objetivo do currículo contemporâneo. Compreendo que o conhecimento de Lowenfeld tem base em seus estudos, pesquisas e trabalhos dos pares e antecessores. A edição das falas coloquiais das palestras revela a organização do pensamento de um homem que é apaixonado pelas crianças e quer difundir suas ideias pela melhoria da vida e da sociedade. Penso que, por meio de suas ideias, Lowenfeld cativou muitos leitores, alunos, universitários e pais de diversos países, pois desejava mobilizar transformações nos modos equivocados da educação presentes em sua época que, infelizmente, até hoje são bastante reproduzidos. A arte/educação por um futuro melhor foi uma das mais relevantes marcas do ensino modernista e do pensamento de Lowenfeld.

CONCEPÇÕES DE LOWENFELD NO LIVRO *THE LOWENFELD LECTURES*

"O significado do trabalho de Lowenfeld para a estética ou a teoria da arte é fundamental e deve causar sensação no mundo letrado" (READ apud MICHAEL, 1982, p. xv, tradução nossa). Lowenfeld liderou o departamento de arte/educação da Penn State University e tornou-o um centro de arte/educação importante dos Estados Unidos. As primeiras 25 palestras, nas quais desenvolveu basicamente os conteúdos de seus livros sobre arte da criança, ocorreram no verão de 1958 na universidade. Como afirmou John A. Michael na introdução desse livro, o autor foi um dos primeiros, senão o primeiro, a ministrar um curso que compreendia o desenvolvimento da arte/educação tanto dos Estados Unidos como da Europa (MICHAEL, 1982, p. xix).

As palestras de números 26 e 27 ocorreram a convite dos alunos em uma classe cujos professores em formação trabalhavam com adolescentes, grande preocupação do autor. As palestras subsequentes,* de números 28 a 31, foram ministradas para alunos/professores que trabalhavam com arte com pessoas portadoras de deficiências, com propósitos terapêuticos. Não entrarei no con-

---

* As fitas gravadas das 31 palestras fazem parte da Coleção da Memória da História da Arte/educação na King Library, Miami University, Oxford e Ohio.

teúdo dessas últimas palestras, mesmo reconhecendo sua importância, porque elas se situam fora do recorte de nossa investigação.

Em sua filosofia educacional, Lowenfeld concebe a arte como ação criativa fundamental à vida, à felicidade, à sensibilidade, a si mesmo, aos outros e ao meio e formadora de um indivíduo útil à sociedade. Apesar de escrever especificamente sobre arteterapia, não a separa totalmente da arte/educação. Ele não a compreende como análise ou interpretação psíquica da criança, mas como fator de geração de desenvolvimento equilibrado do ser humano, que o leva à felicidade em sentido profundo e não superficial. Diferencia tal felicidade da superficial, gerada pelos ganhos materiais da sociedade de consumo. Outro aspecto que Lowenfeld atribuiu à arte/educação nas suas palestras, que agora analiso, é a possibilidade que ela abre ao desenvolvimento emocional, não se restringindo ao intelectual. Nisso, ele estava de acordo com todos os autores modernistas da arte/educação que se opunham ao ensino tradicional de natureza conteudista e mnemônica. Na contemporaneidade, como os saberes cognitivos são aprendidos pelo aluno de outra maneira, em base construtivista, os conteúdos não passam pela pura memorização mecânica, treino de habilidades ou repetição, que regiam o ensino da escola tradicional; entretanto, a ideia de ensino de conteúdos escolares foi recuperada, mas eles são assimilados por atos de interação, aproximações sucessivas, experimentação e reconstrução, associados a valores e atitudes.

Lowenfeld foi um inconformado com o fato de crianças afirmarem não saber desenhar; ele propunha uma série de orientações ao professor para tirá-las dessa falência criativa, fazendo perguntas, ampliando o seu campo de experiências. Ele acreditava que tal fato se devia, fundamentalmente, ao empobrecimento de vivências básicas e fundamentais à vida dos alunos, que inibiam a criatividade. Lowenfeld, para quem a arte é uma ação genuína da criança, defendeu que ela fosse sensível às coisas que desenhava, pintava ou modelava e também ao mundo que a rodeava, presente nos assuntos dos seus trabalhos.

Os conteúdos das 27 palestras já foram tratados quando abordei o livro *Desenvolvimento da capacidade criadora*, base de suas falas. As palestras, assim como esse livro, têm uma estrutura didática que se repete na organização das suas partes: o autor discorre sobre cada fase do desenvolvimento artístico da infância à adolescência por meio de quadros-síntese de cada etapa, nos quais mapeia suas características (Quadro 2.1).

ARTE/EDUCAÇÃO MODERNISTA E PÓS-MODERNISTA

Quadro 2.1 SÍNTESIS – ETAPA SEUDORREALISTA DEL RAZONAMIENTO: DE ONCE A TRECE AÑOS

CARACTERÍSTICAS	FIGURA HUMANA	ESPACIO	COLOR	PLAN	TEMAS DE ESTIMULACIÓN	TÉCNICAS
Inteligencia desarrollada, pero no hay todavía conciencia	Presencia de las articulaciones	El espacio tridimensional es expressado disminuyendo el tamaño de los objetos distantes	En la mentalidad visual, cambios de color en la naturaleza, debidos a la distancia y al estado de ánimo		Colocación de las figuras en un medio dramático	Acuarela Técnica mixta: acuarela y témpera
Enfoque realista inconsciente	Atención visual respecto de los câmbios introducidos por el movimiento o la atmósfera (en los de mentalidad visual)	Presencia de la línea de horizonte (mentalidad visual)		Personificación del color	Representación de acciones expresadas por modelos que posan o que se imaginan. (Con significado)	Pintura para carteles
Tendencia hacia una mentalidad visual o no visual	Proporción	Retroceso de los de mentalidad no visual a expresiones con líneas de base, o a la representación del ambiente sólo cuando tiene significación		Apreciación constante de la estilización de los productos industriales (uso de símbolos para representar profesiones)	Relación de la proporción de las figuras con el ambiente	Pinceles de cerda
Amor por la acción y la dramatización	Acentuación en la expresión por parte de los de mentalidad no visual		Em la mentalidad no visual hay reacciones emocionales respecto del color	Función de los diferentes materiales y diseños simples, vinculados a los mismos	El color vinculado al estado de ánimo. El color se expresa mediante la personificación. Ilustración de historias dramáticas. Murales	Pinceles de pelo Linóleo Arcilla Madera, metal, piedra

Fonte: Lowenfeld (1961, p. 275).

LOWENFELD: CONCEPÇÕES GERAIS

No livro de Lowenfeld, *Desarrollo de la capacidad creadora* (1961), verifica-se uma ordenação didática cuja intenção é certamente a formação do professor leitor. Ele não dá orientações fixas a serem seguidas, mas especifica atividades e formas de avaliação dos alunos, adequação e possibilidades de uso dos materiais ao longo do desenvolvimento, proposições de exercícios, e o faz mais detalhadamente no caso dos adolescentes.

Não pretendo aqui sintetizar os livros de Lowenfeld. Vou me ater à análise do seu pensamento e de trechos de textos, ideias e temas pertinentes a essa investigação, mas citarei, pela importância que tiveram em seu trabalho e nas escolas brasileiras, a formulação que o autor construiu sobre as fases do desenvolvimento artístico das crianças e dos jovens, assim descritas em Lowenfeld e Brittain (1977): fase das garatujas, dos 2 aos 4 anos; fase pré-esquemática, dos 4 aos 7; fase esquemática, dos 7 aos 9; fase do realismo nascente, dos 9 aos 12; fase pseudonaturalista, dos 12 aos 14; e fase da decisão: arte do adolescente, dos 14 aos 17 anos.

No Quadro 2.2 é apresentada uma síntese das fases, seus títulos e as imagens correspondentes.

As fases, apresentadas no Quadro 2.2, descritas por Viktor Lowenfeld (1961) seguem no livro de Lowenfeld e Brittain (1977) e apontam as transformações na arte da criança e do jovem que acompanham o seu desenvolvimento intelectual, dividindo-se por faixas etárias. A arte da criança foi tida como espontânea para eles, exceto a partir da fase pseudonaturalista, dos 12 anos em diante com os pré-adolescentes, quando os autores admitem que é "um dos períodos mais difíceis em todo o campo da arte" (LOWENFELD, 1961, p. 301).

Antes da fase pseudonaturalista, como a arte infantil foi considerada natural e espontânea, os casos de defasagens artísticas entre crianças da mesma faixa etária não eram associados à aprendizagem, porque esta deveria ser espontânea.

> A falta de pormenores, num desenho, não indica, necessariamente, que a criança disponha de capacidade intelectual inferior.
> Existem diversas razões pelas quais o jovem não inclua muitas particularidades em seu trabalho; as restrições emocionais podem bloquear a expressão da criança, ou, às vezes, ela carece de envolvimento afetivo num determinado desenho.
>
> [...]

> Usualmente, porém, um desenho rico em pormenores temáticos provém de uma criança dotada de elevada capacidade intelectual. Talvez não seja, na realidade, um belo trabalho, mas, evidentemente, o desenvolvimento da capacidade artística processa-se em estrito paralelo com a evolução intelectual da criança até os dez anos de idade (Burkhart, 1964). (BURKHART apud LOWENFELD; BRITTAIN, 1977, p. 41).

Lowenfeld e Brittain (1977) citam Burkart e concordam com sua análise comparativa. Eles reiteram que, entre os desenhos das figuras humanas, de duas crianças de 5 anos, a criança que desenha a figura sem o corpo pode ter a mesma capacidade intelectual, ou seja, desenvolvimento das estruturas cognitivas. Entretanto, justificam que a diferença de completude de um dos desenhos se deve a aspectos intelectuais prejudicados por restrições emocionais ou falta de envolvimento afetivo com o desenho.

Os autores não observam que a criança pode apresentar essa defasagem no seu desenho por falta de oportunidades educativas anteriores, ou seja, de aprendizagem, e que isso não está relacionado, necessariamente, com capacidade intelectual afetada pelo envolvimento ou pelas emoções.

Portanto, o argumento aceito pelos autores revela que eles não concebiam que arte se ensina para promoção do desenvolvimento artístico dos alunos. Entretanto, no exemplo, dos desenhos da figura humana (Fig. 2.14), deixando de lado as questões da aprendizagem, verifiquei que Lowenfeld e Brittain prenunciaram temas da didática construtivista contemporânea, que relacionam a capacidade de aprendizagem a aspectos emocionais (afetivo-relacionais), causadores de defasagem. Isabel Solé (1997), em seu texto "Disponibilidade para a aprendizagem e sentido da aprendizagem", apontou a motivação intrínseca do aluno (envolvimento), e não a extrínseca (trabalhar para cumprir tarefas propostas pelo professor), como fator de aprendizagem profunda em oposição à superficial.

Lowenfeld e Brittain, portanto, reasseguravam a criança nos aspectos psicológicos, mas nada faziam em relação ao conhecimento sobre o sistema simbólico do desenho, que, segundo eles, precisava ser descoberto a partir de experimentação individual. Desse modo, a diferença do pensamento dos autores em relação ao ensino contemporâneo residiu no fato de que, para eles, a capacidade artística ocorre paralelamente à evolução intelectual e espontaneamente até os 10 anos. Como forma de intervenção na ação dos alunos, não negaram a realização de perguntas pelos professores em relação aos seus trabalhos para provocá-las a criar ou resolver problemas. Evitavam indicações do "o quê" e

Quadro 2.2 FASES DA ARTE DA CRIANÇA E DO JOVEM

2-4 anos	A fase das garatujas	Os primórdios da autoexpressão	
4-7 anos	A fase pré-esquemática	Primeiras tentativas de representação	
7-9 anos	A fase esquemática	A conquista do conceito da forma	
9-11 anos	A fase do realismo nascente	O alvorecer do realismo: a idade da turma	
11-13 anos	A fase pseudonaturalista	A idade do raciocínio	
13-17 anos	A fase da decisão	Arte do adolescente	

Fonte: Lowenfeld (1961).

… ARTE/EDUCAÇÃO MODERNISTA E PÓS-MODERNISTA

2.14 Desenhos de crianças da mesma idade.
Fonte: Lowenfeld e Brittain (1970, p. 40).

do "como" fazer os trabalhos, porque a referência da maioria dos professores modernistas sempre foi o desenho da criança que reflete suas experiências de vida a partir de seu mundo interior.

Hoje, sabemos que a estrutura cognitiva é condição necessária ao desenvolvimento do desenho, mas não suficiente, porque junto aos aspectos afetivos e cognitivos existem questões de aprendizagem sobre desenhos e oportunidades educativas envolvidas nas faturas dos desenhistas. Essas questões, além de descobrirem soluções por si, dependem de interação e/ou informações verbais, escritas e visuais, para que possam transformá-las em conhecimento, que reverte para sua arte. Isso advém do meio e envolve o sistema de ordenação dos desenhos de outros (adultos e pares), fontes exógenas que serão assimiladas pela ação endógena do aprendiz.

Como vimos, na fase pseudonaturalista, Lowenfeld e Brittain (1977, p. 305) associaram as atitudes de crítica e autodepreciação dos trabalhos pelos pré-adolescentes a fatores do desenvolvimento psicológico, cuja "crescente conscientização do eu expressava-se por meio de uma abordagem *algo tímida* do ambiente". Em relação à dificuldade dos jovens de trabalharem com a figura humana, afirmavam que ela ocorria porque é muito difícil desenhar ou remeter-se ao próprio corpo, que se encontra em crescente transformação, além da busca da identidade que caracteriza o período. Os autores reforçaram, ainda, a importância do desenvolvimento do pensamento individual em oposição ao das aptidões técnicas. Para eles "qualquer motivação artística deve sublinhar a contribuição do próprio indivíduo" (LOWENFELD; BRITTAIN, 1977, p. 320). A concepção de que o mundo do adolescente precisa ser respeitado é o embrião do que hoje chamamos de cultura jovem a ser considerada na seleção dos conteúdos escolares, mas pensamos que o currículo não deve se restringir a essa modalidade cultural; pode assimilá-la com abertura a diversos recortes de conhecimento do universo da arte.

O naturalismo que emergia como interesse nos trabalhos dos adolescentes devia-se, para Lowenfeld e Brittain, à atitude crítica em relação ao mundo que os circundava. Entretanto, os autores reiteraram que as atitudes autocríticas que se acentuavam na fase podiam ter origem em fatores externos (como julgamentos depreciativos recebidos pelos alunos em relação a seus trabalhos ou mesmo à desvalorização da arte como atividade na sociedade) e podiam conduzir os pré-adolescentes ao que nossos pensadores denominaram como "relutância em envolver-se em atividades artísticas" (LOWENFELD; BRITTAIN, 1977, p. 320-321). Entretanto, não negaram a necessidade de um trabalho específico para a quebra dessas barreiras com propostas pensadas para os jovens, meninos e meninas, que passavam pela adolescência. Lowenfeld e Brittain foram avessos a demandas escolares de desenhos que colocavam os jovens em situações desmotivadoras. Para tanto, a responsabilidade da motivação, acreditavam, cabia ao professor para que os alunos se envolvessem e não cumprissem meros exercícios como exigências escolares.

Os autores sugeriram temas de ordem psicológica, que não expunham os alunos por meio de seus trabalhos, para serem propostos pelos professores de arte. Tais temas se adequavam à idade dos jovens, portanto, seriam mobilizadores e envolventes. De qualquer forma, alertaram para o fato de que os tipos hápticos e visuais, já citados anteriormente, seguiam o sujeito ao longo do desenvolvimento, apesar de cada um deles não se manifestar de maneira pura nos indivíduos, mas como tendência predominante. Desse modo, para os autores, seria preciso realizar propostas que contemplassem e acolhessem os dois tipos: com abertura na recepção pelos professores de imagens mais nítidas e mais detalhadas, vindas de alunos do tipo visual, e outras, mais diluídas e sem preocupação com a exatidão, frutos do aluno háptico.

Como a ação artística moderna tinha objetivos de conscientização maior de si e do meio social por intermédio da expressão, ela não tinha foco nos aspectos construtivos das linguagens artísticas. Os dois autores visavam a um desenvolvimento equilibrado das crianças e tinham uma orientação nos cuidados com os adolescentes em sua delicada passagem à vida adulta. Julgavam que crianças e adolescentes deveriam estar envolvidos nas aprendizagens das tarefas escolares e na vida cotidiana como indivíduos conscientes da sociedade, participativos, plenos e criativos em todas as ações, sendo a arte um fator importante para o desenvolvimento social.

> O desenvolvimento social das crianças pode ser facilmente apreciado em seus esforços criadores. Os desenhos e as pinturas refletem o grau de identificação delas com suas próprias experiências e com a de outros indivíduos.
>
> [...]
>
> O processo artístico em si mesmo proporciona um meio de desenvolvimento social. Em certa escola, o termo *autoexpressão* pode ter conotações limitadoras, visto que a expressão do eu, numa folha de papel, também significa a análise desta expressão. Esse exame do trabalho e das ideias da própria pessoa é o primeiro passo na comunicação desses pensamentos, dessas ideias a outrem. A arte tem sido frequentemente considerada um meio de comunicação e, como tal, converte-se em expressão mais social do que pessoal.
>
> [...]
>
> O desenvolvimento da consciência social também está implícito na reprodução de certas partes de nossa sociedade com que a criança pode identificar-se. Isto inclui aquelas forças estabelecidas para preservar a própria sociedade. Desenhar um bombeiro, uma turma de conservação de estradas consertando um buraco, uma enfermeira assistindo a pacientes em um hospital ou um policial dando indicações de um trajeto, tudo isto fornece um estímulo para desenvolver esta consciência social. As artes também podem cooperar, através de trabalhos em grupo, para maior consciência da contribuição de cada indivíduo num grande projeto. Isto é particularmente eficaz quando são solicitadas as opiniões de companheiros e quando se desenvolve a necessidade de autonomia social. (LOWENFELD; BRITTAIN, 1977, p. 46-47).

Tudo era feito para que o jovem compreendesse sua arte por si, descobrindo e experimentando sem grande intervenção do professor em seu gosto – que os autores, surpreendentemente, chamam de belo, termo em desuso na modernidade. Sabiam que não adiantaria dizer ao jovem que ele era capaz de fazer arte, quando estava sem confiança em si para tal. Nessas ocasiões, sugeriam virar trabalhos de cabeça para baixo e fazer mudanças de materiais do bi para o tridimensional com a finalidade de desconstruir o "eu não sou capaz de fazer isto" (LOWENFELD, BRITTAIN; 1977, p. 325). Hoje, partimos de imagens da arte para esses propósitos de ruptura dos bloqueios, mas ainda seguimos com os dois encaminhamentos supracitados, que aprendemos dos modernistas.

Os temas sugeridos por Lowenfeld e Brittain aos adolescentes eram ligados ao corpo, à expressão de sentimentos e emoções, além de promoverem o envolvimento no trabalho criador dos alunos. Considerando a faixa etária e suas características, sugeriam: *a pessoa mais feia do mundo*; *um bandido feroz*; *só, numa noite escura e fria*; *uma bonita estrela da televisão* e *um grande sentimento de alegria*.

Os autores se mostravam sempre avessos a orientações acadêmicas de ensino da perspectiva linear para representação do espaço, dos elementos da linguagem visual como luz, sombra, equilíbrio, proporções e anatomia para o desenho de modelo vivo da figura humana. O modelo tinha que ser humanizado, e o aluno precisava sentir empatia por ele. A autonomia no fazer, e não os modelos da história da arte, deveria ser o caminho – o "aprender fazendo" está de acordo com o pensamento deweyano, autor que Lowenfeld e Brittain trazem em sua bibliografia.

> As leis da simetria, relacionadas com os períodos dogmáticos da História da Arte, incluindo os períodos do simbolismo, parecem estar cada vez mais afastadas, quando o individualismo, as emoções e as transformações sociais dominam nossas vidas.
> As lições impostas ao desenho não podem esperar, de maneira alguma, rivalizar com as qualidades do traçado e do desenho que o jovem é levado a descobrir por si mesmo. (LOWENFELD; BRITTAIN, 1977, p. 330).

Esse trecho é extraordinário para que possamos verificar como as orientações do artista e da arte moderna falaram alto nas proposições dos dois autores. A pedagogia da Bauhaus, que, segundo Wick (1989), se não foi diretamente influenciada pelas práticas de Cižek, teve a mesma origem (a pedagogia mo-

ARTE/EDUCAÇÃO MODERNISTA E PÓS-MODERNISTA

derna), foi seguida em muitos aspectos por Lowenfeld e Brittain. Retornarei ao tema adiante ao tratarmos da formação do arte-educador modernista e do pós-modernista.

Lowenfeld e Brittain (1977) referiram-se a formas do mundo natural e sugeriram que elas podiam ser fotografadas e também desenhadas de modo ampliado pelos adolescentes para que pudessem observar os padrões da natureza. O desenho de observação foi um procedimento assente na educação em arte para essa faixa etária entre os modernistas, sem que o aluno tivesse que cumprir o papel de representação fiel ao real, mas refletir sua empatia com a coisa observada. Essa proposta moderna do desenho de observação seguiu na arte/educação contemporânea, entretanto, ele é proposto desde a educação infantil.

> Uma obra de arte não é a representação de uma coisa, mas a representação das experiências que temos com essa coisa. Como as experiências mudam não só de ano em ano, mas de um dia para outro, a expressão artística converte-se num processo dinâmico, em perpétua transformação, e também o professor deve ser uma pessoa flexível capaz de abandonar seus próprios planos e capitalizar o entusiasmo e o interesse das crianças. (LOWENFELD; BRITTAIN, 1977, p. 80).

Desde a primeira edição de *Creative and Mental Growth* (LOWENFELD, 1947), a orientação de Lowenfeld levou em conta os procedimentos do mundo da arte e dos artistas de maneira muito sutil, principalmente da arte moderna europeia, presente no meio onde se formou, mas também da norte-americana, com a qual passou a conviver.

LOWENFELD E PIAGET

O legado de Lowenfeld à arte/educação contemporânea é indiscutível. Suas ideias (hoje em parte superadas em função das novas pesquisas e práticas em arte e em educação) só puderam ser realizadas com base na herança do ideário de nosso autor, dos seus precursores e pares. A identificação que é feita no meio educacional entre Lowenfeld e Piaget, acreditamos, deve-se às propostas de fases usadas para descrever o desenvolvimento artístico (Lowenfeld) e o das estruturas cognitivas (Piaget). Mas a relação dos dois autores também se deve ao fato de que o epistemólogo suíço faz parte da bibliografia* de Lowenfeld e foi citado em seu livro escrito com Brittain, interpretado a partir da concepção escolanovista dos autores:

> Piaget (1959),** ao estudar o raciocínio das crianças, descobriu que existem fases no seu desenvolvimento em estreito paralelo com os períodos de crescimento já mencionados. A primeira etapa, que vai até os dois anos de idade, foi designada por Piaget como o Período das Adaptações Sensório-Motoras, ao qual se segue um período Pré-Operacional que se estende, mais ou menos, até os sete anos, quando dá lugar ao chamado Período das Operações Concretas, dos sete aos onze anos. Uma análise desses estágios do desenvolvimento e de suas relações com a arte foi concluída por Lansing (1966).*** O trabalho de Piaget demonstra que nada resulta de bom para a criança quando se criticam seus desenhos ou outras formas visuais por ela produzidas; se é importante mudar a forma de um trabalho artístico realizado por um jovem, então devemos tratar primeiro de alterar seus conceitos. (LOWENFELD; BRITTAIN, 1977, p. 60).

Autores pós-modernistas pesquisaram sobre o desenvolvimento da compreensão estética da criança e do jovem, pontuando as transformações na capacidade de leitura de imagens da arte ao longo da experiência com essa prática, sabendo que as oportunidades educativas interferem na aquisição de saberes sobre arte. Esses autores, já estudados e citados em trabalho anterior (IAVELBERG, 2003), foram, entre outros: Parsons (1992), Efland (c2002), Housen (1983) e Ott (1997) (Quadro 2.3).

---

* Entre os dois livros de Piaget citados na bibliografia encontra-se também PIAGET, J.,*The child`s conception of the world*. Traduzido por J. Tomilson e A, Tomilson. Paterson, N.J. Littllefield, Adams and Co., 1960.
** Piaget, J., *Judgment and reasoning in the child*. Paterson, N.J.: Littllefield, Adams and Co., 1959.
*** Referência conforme original: Lansing, Kenneth M. The Research of Piaget and Its Implications for Art Education in the Elementary School. *Studies in Art Education*, v. 7, n. 2, 1966, p. 33.

Quadro 2.3 NÍVEIS DE DESENVOLVIMENTO DA COMPREENSÃO ESTÉTICA

EDMUND FELDMAN	ABIGAIL HOUSEN	ROBERT WILLIAM OTT	MICHAEL PARSONS
Descrição	Narrativo	Descrevendo	Preferência
Análise	Construtivo	Analisando	Beleza e realismo
Interpretação	Classificatório	Interpretando	Expressividade
Julgamento	Interpretativo	Fundamentando	Estilo e forma
	Recriativo	Revelando	Autonomia

O respeito ao repertório sobre arte trazido pelo aluno na situação de aprendizagem, seja no museu, seja na escola, é ponto de princípio de sua inclusão no diálogo que se estabelece para trazer novos conteúdos e precisa ocorrer como fato da aprendizagem.

Tal princípio norteador enunciado pela epistemologia contemporânea supõe, nas palavras de Emília Ferreiro em seus estudos sobre a atualidade de Jean Piaget (2001), que nas situações de aprendizagem se leve em conta a construção que o aluno realiza em sua atividade, porque seu saber está relacionado às próprias experiências e oportunidades de aprender na escola e fora dela.

Nas experiências de interação que têm como fator a aprendizagem reitera-se que o contato sistemático com arte no fazer e conhecer perpassa a interação do aluno com portadores de informações de qualidade (objetos artísticos; vídeos; narrativas dos educadores sobre arte; materiais de apoio didático; consultas bem orientadas na internet, bibliotecas, livros; textos escritos por artistas e outros profissionais da arte, etc.). O acesso a essas fontes é promovido pelos professores de arte com intenção formativa. O mesmo, cremos, aplica-se às aprendizagens em arte na escola e no museu. (IAVELBERG; GRINSPUM, 2014).

Foi observando crianças em situações experimentais e por meio do método clínico que Piaget construiu sua epistemologia cuja filosofia situa as crianças como seres com direito a serem pensantes, criadores e autorais. O mesmo fez Lowenfeld, cuja teoria trabalhou na perspectiva da criança em relação à sua arte e registrou a transformação de seus fazeres e modos de criação. Ele teve como pressuposto o valor da liberdade no fazer artístico e na resposta interior das crianças na leitura das próprias experiências de vida em sua expressão artística. É muito interessante notar que os dois autores admitiram as respostas das crianças como a sua possibilidade construtiva genuína e não como erro em relação às formulações visuais ou verbais adultas.

Esse andar pelo avesso da cultura da tradição fundou a infância moderna. Piaget concebeu, entre outros achados, os "erros construtivos", classificando as construções infantis como realizações possíveis, relativas às capacidades plausíveis ao conhecer da criança ("relativismo"), mediante suas "construções" e "interações" anteriores e atuais, sempre relacionadas às estruturas do pensamento. As respostas infantis que não alcançavam o conhecimento do mundo adulto não foram consideradas como formulações erradas, como eram tidas até então pela visão tradicional do ensino que visava à reprodução dos conteúdos. Da educação em arte pode-se dizer o mesmo: havia uma expectativa de que a criança fosse treinada para aprender os padrões da produção artística acadêmica.

Lowenfeld teve por hipótese a existência de uma lógica simbólica própria às crianças, verificando sua imaginação criadora nas construções artísticas. Piaget vislumbrou a construção do símbolo e do real pela criança na perspectiva própria da infância. Ambos fogem do conhecimento como cópia e repetição mecânica, o que identifica nossos autores com o pensamento moderno, pois foram sutis observadores dos sujeitos em ação, dos quais queriam defender o potencial do fazer criador e do compreender o mundo e a si, preservando o vigor autoral nas ações da infância.

Em relação às produções artísticas infantis, os estudiosos modernos da arte/educação analisavam e descreviam as imagens e os procedimentos realizados, ou seja, relatavam o "como" da fatura infantil e, vez por outra, citavam falas dos alunos e conversas em interações com o professor. Entretanto, as teorias em ação daquelas faturas, ou seja, as ideias das crianças sobre o que era pintar, desenhar, esculpir, etc., que davam base a suas ações, foram desconsideradas, mesmo por Lowenfeld. Ele compreendeu a necessidade da arte para as crianças e afirmou que a autoexpressão nasce de uma necessidade interior mobilizando experiências originais. Foi acreditando nisso que Lowenfeld firmou fases universais da arte infantil, que acompanhavam a faixa etária e o desenvolvimento natural.

Piaget foi epistemólogo à época da arte/educação modernista e suas ideias seguem no contemporâneo. Suas investigações junto às crianças promoviam e/ou verificavam as ações infantis diante das situações de vida ou criadas pelos pesquisadores, observando as soluções de problemas e as explicações da criança com o objetivo de compreender como ela constrói o real, o símbolo, o espaço, o tempo, a moral e outras categorias que envolvem seu estar no mundo. Assim, foi possível aos educadores contemporâneos verificar como a perspectiva da criança reorienta e transforma suas ações na medida em que ela ganha novas e mais complexas possibilidades de pensamento e ação por intermédio de experiências e interações sucessivas, consigo mesma, com os seus pares, com adultos e com o meio.

Piaget estabeleceu estágios do pensamento indicando as tendências do desenvolvimento operatório. Assim, Piaget e Lowenfeld conceituaram, respectivamente, os estágios do pensamento e da arte das crianças e dos adolescentes. Lowenfeld focou na arte da criança e do adolescente interagindo com o professor, observando ações, processos e produtos, dando ênfase ao processo. Piaget verificou ações e pensamentos apoiado pelo método clínico, por intermédio do qual os pesquisadores observam os sujeitos em ação, sem conduzir a criança, às vezes provocando-a com outras solicitações para observar e analisar as respostas em atos e/ou falas. Assim, e com todos seus conhecimentos, ele pôde definir as estruturas do pensamento que, em sua gênese, alcançam a possibilidade do pensar de modo operatório formal. Piaget revelou, portanto, a gênese e as estruturas do pensamento, entre outros conceitos importantes de sua teoria.

Muitos professores que estudaram Lowenfeld nos anos 1960 e 1970 no Brasil hoje incorporam o paradigma pós-modernista da arte/educação, aceitando que as imagens feitas pelas crianças têm origem em outras imagens dela mesma, dos pares, dos artistas, da natureza e das diferentes formas de arte que podem assimilar. Mas, antes do movimento da livre expressão, a arte da criança não foi considerada produção diferenciada, que refletia os modos próprios de suas ações na perspectiva própria da infância – isso teve início com Töpffer (1858). Como vimos, esse autor verificou e escreveu que o desenho da criança, feito espontaneamente nas ruas, era mais carregado de ideias e expressão do que os aprendidos nas escolas tradicionais da época. Antes dessas formulações, a arte espontânea da criança nem sequer foi observada e analisada como algo de valor por artistas que o antecederam.

Por outro lado, os conjuntos de trabalhos infantis gerados nas propostas modernistas, com experiências de livre expressão, a partir de Cižek, foram documentados de modo sistemático e deixaram de ser analisados ao acaso, como os desenhos das ruas apontados por Töpffer.

Muitos autores da arte/educação citam Lowenfeld; tanto modernos quanto pós-modernos tematizaram concepções relacionadas às dele. Os sucessores, que abordaremos adiante, reconheceram seu valor e usaram ou negaram aspectos de sua teoria, a transcenderam, gerando novas teorias na arte/educação. Laura H. Chapman, professora da Cincinnati, Ohio University, que trabalha com arte/educação, na introdução do livro *The Lowenfeld Lecture* (1982) selecionou oito tópicos do campo da educação que foram desenvolvidos nas palestras do mestre. Selecionou-os para mostrar a amplitude e a profundidade do seu pensamento. São eles:

- a natureza multidimensional do aprender e o "talento";
- o modo pelo qual as crianças criam e expressam significado por meio das atividades artísticas;
- o conceito de "aprendizagem pela descoberta" e métodos de ensino que fazem avançar o conhecimento ativo e pessoal;
- a função da rotina aprendida e da imitação na aprendizagem;
- a relação entre atenção dos estudantes e sua identificação emocional e imaginativa com o conteúdo;
- o efeito dos métodos de ensino empregados com um tipo de conteúdo em outros tipos;
- a relação entre domínio técnico e *performance* criativa em vários campos de interesse;
- a contradição na cultura norte-americana e sua postura na arte/educação.

(CHAPMAN apud MICHAEL, 1982, p. x, tradução nossa).

Podemos compreender esses oito pontos ordenados por Chapman como temas de Lowenfeld orientados à revitalização da arte na educação, sempre observando a perspectiva artística livre e criadora da criança.

LOWENFELD NO BRASIL: O TERRENO FÉRTIL DAS IDEIAS DE ANÍSIO TEIXEIRA

Lowenfeld foi muito lido no Brasil no final dos anos 1960 e nas duas décadas seguintes. Ele tinha em comum com os nossos pioneiros da educação apoio na filosofia de Dewey, incluído na bibliografia de *Desarrollo de la capacidad creadora* (LOWENFELD, 1961). O livro citado por Lowenfeld foi *Art as Experience*, de Dewey, em sua primeira edição em inglês de 1934. Em 1949, essa obra foi traduzida para o espanhol (DEWEY, 1949), o que facilitou sua leitura por muitos educadores da escola renovada brasileira. Em 1930, Teixeira traduziu *Vida e educação*, de John Dewey, para o português. A 8ª edição de que dispomos tem prefácio de Lourenço Filho, de julho de 1964, e a parte introdutória, assinada por Anísio, tem por título "A Pedagogia de Dewey (Esboço da Teoria de Educação de John Dewey) – Educação como Reconstrução da Experiência".

Em nosso país, a proposta da escola renovada teve o impulso dos educadores progressistas brasileiros dos anos 1930. O próprio Anísio Teixeira corroborou a propulsão das ideias renovadas no Rio de Janeiro, em 1935, quando criou o Instituto de Educação para a formação dos professores da escola pública e algumas escolas experimentais. Atuou também em Salvador, onde fundou a Escolas Classe/Escola Parque nos anos 1950, cuja experiência perdurou até 1998 (EDUCADORES brasileiros, 2006). Anísio resistiu à Ditadura de 1964, entretanto, morreu em plena vigência do regime ditatorial, no ano de 1971, em um acidente trágico e inexplicável, ao cair em um poço de elevador.

Anísio Teixeira alcançou o título *Master of Art*, especializado em educação, no Teachers College da Columbia University, de Nova York, em 1928, onde conheceu o pensamento de John Dewey. Nossa escola renovada teve sua trajetória marcada pelo Manifesto dos Pioneiros da Educação de 1932, escrito por Fernando de Azevedo e subscrito por 26 intelectuais (23 homens e 3 mulheres), entre eles Anísio Teixeira. Os signatários lutavam por uma escola pública laica e obrigatória, em oposição àquela que servia à classe média e não dava acesso escolar à população menos favorecida, perpetuando diferenças sociais. Durante o governo de Getúlio Vargas, as propostas dos educadores progressistas não encontraram espaço, e Anísio Teixeira não fez concessões à política do Estado Novo. Perseguido, pediu demissão do cargo de Secretário Geral da Diretoria de Instrução Pública do Distrito Federal, em 1935. Exilou-se durante todo o período, de 1935 a 1945.

Em 1930, Anísio Teixeira publica a primeira tradução de dois ensaios de Dewey que, reunidos, recebem o nome de *Vida e educação*. Após a morte de seu pai e de uma tentativa frustrada de eleger-se deputado federal pela Bahia, parte para o Rio de Janeiro onde, em 1931, assume, a convite do prefeito Pedro Ernesto Batista, a Diretoria da Instrução Pública do Distrito Federal. Nesse cargo, teve a oportunidade de conduzir importante reforma da instrução pública que o projetou nacionalmente e que atingiu desde a escola primária, à escola secundária e ao ensino de adultos, culminando com a criação de uma universidade municipal, a Universidade do Distrito Federal. Demitiu-se em 1935, diante de pressões políticas que inviabilizaram sua permanência no cargo, em uma conjuntura em que o Estado autoritário ganhava força no Estado e na sociedade. (NUNES, 2000, p. 11).

Em 1946, no final da Segunda Guerra Mundial, com a queda do Estado Novo, Anísio Teixeira retornou ao país quando se tornou conselheiro da Unesco e dirigiu a Secretaria de Educação e Saúde do Estado da Bahia. Fundou o Centro Educacional Carneiro Ribeiro, em 1950, conhecido como Escola Parque, conforme mencionamos anteriormente. Anísio fundou a Escola Parque de tempo integral para as populações carentes, na esteira da filosofia de Dewey. Assim, a educação renovada brasileira teve forte base na experiência de Anísio Teixeira nos Estados Unidos, onde visitou espaços escolares e se influenciou, principalmente, pelo modelo pedagógico e arquitetônico das escolas de Detroit (DUARTE, 1973).

Anísio Teixeira fez seu *Master in Art* nos Estados Unidos e teve contato com as ideias do pensamento deweyano, no qual foram considerados os conteúdos interiores do sujeito como meios de interpretação do mundo e de orientação dos fazeres. O "aprender fazendo" de Dewey era acompanhado do pensamento reflexivo e estava em oposição ao ensino de verdades fixas a serem introjetadas pelo aluno, tal como foi praticado na escola tradicional. A educação puramente intelectualista foi rejeitada e deu lugar à experiência, concepção central no pensamento de Dewey. Uma experiência que está articulada com a reflexão e que a transforma permanentemente. As verdades são provisórias e podem cambiar no fluxo das experiências; a verdade é sempre consensual com base no debate democrático entre os indivíduos, que, por sua vez, são vinculados à sociedade. Tais ideias também fazem parte do ideário filosófico educacional de Lowenfeld, que aspirava à formação de indivíduos ativos, sensíveis ao meio e às necessidades dos demais membros da sociedade. Anísio Teixeira foi um grande difusor das ideias pedagógicas e da filosofia de Dewey. Ele propunha, praticava e compactuava com o conceito de democratização do ensino.

Na Faculdade de Arquitetura e Urbanismo (FAU-USP), onde estudei de 1969 a 1973, tive contato com uma publicação sobre o trabalho de Anísio Teixeira, de autoria de um de meus professores, Hélio de Queiroz Duarte. À época, eram comuns publicações datilografadas e impressas pelo Laboratório de Artes Gráficas da FAU. O caderno tinha por dimensões 21 x 22 cm e o título podia ser visualizado sob a forma de uma poesia concreta:

ARTE/EDUCAÇÃO MODERNISTA E PÓS-MODERNISTA

escolas classe

escola parque

A capa desse caderno (Fig. 2.15) trazia um desenho da festa típica baiana do Bonfim. Os dados da capa estão em seu verso e, assim, podemos saber que o desenho foi realizado por uma aluna do Centro Educacional Carneiro Ribeiro – C.E.C.R. –, conhecido como Escola Parque, em Salvador, datado de 1972.

A publicação, orientada a arquitetos em formação, trazia o projeto arquitetônico das propostas educacionais de Anísio Teixeira, desenvolvidas no ex-Distrito Federal até 1935 e em Salvador a partir de 1950. O entrelaçamento entre o projeto pedagógico, orientado à Escola Primária de Salvador, e o arquitetônico

2.15 Capa do livro *Escolas classe, escola parque*, de Hélio de Queiroz Duarte.
Fonte: Duarte (1973).

estava de acordo com o pensamento arrojado de Anísio Teixeira. Essa publicação da FAU-USP pontua como origem do projeto arquitetônico das escolas de Anísio o sistema *Platoon* (plataforma) das escolas de Detroit, que foram visitadas por ele. O desenho da planta e as informações pedagógicas adequavam-se ao modelo da escola renovada; eles ficaram conhecidos em nosso país e foram difundidos internacionalmente como modelo que a Unesco quis levar a diversos países que necessitavam dessa orientação.

> [...]
>
> "escola-parque" – destinada a atender, em dois turnos, a cerca de 2 mil alunos de "4 escolas-classe", em atividades de iniciação ao trabalho (para meninos de 7 a 14 anos) nas "oficinas de artes industriais" (tecelagem, tapeçaria, encadernação, cerâmica, cartonagem, costura, bordado e trabalhos em couro e lã, madeira, metal, etc.), além da participação dirigida dos alunos de 7 a 14 anos, em atividades artísticas, sociais e de recreação (música, teatro, pintura, exposições, grêmios, educação física).
>
> [...]
>
> Os alunos frequentarão diariamente a "escola-parque" e as "escolas-classe", em turnos diferentes, passando 4 horas nas classes de educação intelectual e outras 4 nas atividades da "escola-parque", com intervalo para almoço, à maneira do que se faz no centro de Salvador Bahia. (TEIXEIRA, 1967, p. 134).

A arquitetura era moderna e arrojada em plataformas, assim projetadas porque se dividiam os alunos, com atividades em rodízio, que permaneciam em período integral na escola. Arte foi uma proposta destacada das "escolas-parque", outro período era orientado às matérias básicas dos anos iniciais do ensino fundamental nas "escolas-classe".

> A escola tem, pois, de se fazer, verdadeiramente, uma comunidade socialmente integrada. A criança aí irá encontrar as atividades de estudo, pelas quais se prepare nas artes propriamente escolares (escola-classe), as atividades de trabalho e de ação organizatória e

prática, visando a resultados exteriores e utilitários, estimuladores da iniciativa e da responsabilidade e ainda atividades de expressão artística e fruição de pleno e rico exercício de vida. (TEIXEIRA, 1994, p. 164).

E segue em seu texto confirmando o ideário de Dewey:

> Deste modo, praticará na comunidade escolar tudo que na comunidade adulta de amanhã terá de ser: o estudioso, o operário, o artista, o esportista, o cidadão, enfim, útil, inteligente, responsável e feliz. (TEIXEIRA, 1994, p. 164).

A arquitetura das escolas de Anísio Teixeira foi importante porque a das escolas de até então foi criticada pelos Pioneiros da Educação, por ostentar prédios imponentes, projetos governamentais feitos para a elite e não para a população mais pobre.

> A arquitetura escolar pública nasceu imbuída do papel de propagar a ação de governos pela educação democrática. Como prédio público, devia divulgar a imagem de estabilidade de nobreza das administrações (...). (WOLFF* apud MARCÍLIO, 2005, p. 177).
>
> [...]
>
> Caros e suntuosos, os edifícios escolares das primeiras duas décadas do século XX passaram a ser alvo de críticas dos anos de 1920 dentro dos movimentos da Escola Nova, que defendia a democratização da escola pública. (MARCÍLIO, 2005, p. 181).

Com o golpe de 1964 e o início do período da Ditadura Militar brasileira, Anísio Teixeira exilou-se nos Estados Unidos, onde foi trabalhar como professor

---

* WOLFF, Silva. *Espaço e educação*: os primeiros passos da arquitetura das escolas públicas paulistas. Faculdade de Arquitetura e Urbanismo, USP, 1992. Dissertação de mestrado, mimeo.

convidado e lecionou nas Universidades de Columbia e da Califórnia. No seu retorno ao Brasil, em 1966, tornou-se consultor da Fundação Getúlio Vargas.

As escolas públicas experimentais, vocacionais e de aplicação, muito importantes no cenário brasileiro no período da Ditadura, resistiram até 1969. Com o Ato Institucional n° 5 (AI-5), seguiram mais pressionadas, e as modernas particulares consolidaram-se como escolas alternativas de orientação renovada.

O trabalho de Paulo Freire (1921-1997) exerceu indiscutivelmente uma trilha favorável à escola moderna, crítica e inclusiva das camadas populares, tendo como força motriz seu brilho filosófico e político, sua preocupação com a inclusão do "oprimido" e seu método de alfabetização de adultos. O grande mestre não será aqui tratado, mas não pode deixar de ser mencionado.

O sistema público de ensino a partir de 1971 operou com a Lei n° 5.692/71 (BRASIL, 1971), quando arte tornou-se disciplina obrigatória, mas se esperava que um mesmo professor, polivalente, ensinasse todas as linguagens artísticas.

A Lei n° 5.692/71* surgiu em plena ditadura militar e estabeleceu as diretrizes e bases para o ensino de 1o grau, que na época correspondia da 1a à 8a séries, orientado para alunos de 7 a 14 anos, e de 2o grau, que se referia ao Colegial, para estudantes de 15 a 17 anos.

Sobre Educação Artística, terminologia da época, podemos ler no primeiro capítulo da lei de 1971:

Do Ensino de 1° e 2° graus

[...]

Art. 7° – Será obrigatória a inclusão de Educação Moral e Cívica, Educação Física, Educação Artística e Programa de Saúde nos currículos plenos dos estabelecimentos de 1° e 2° graus [...].
(IAVELBERG, 2013-2014, p. 49).

---

* Segundo informações obtidas junto ao prof. João Palma Filho, titular da Faculdade Júlio de Mesquita Fillho, UNESP, no segundo semestre de 2014, em uma banca de doutorado na FEUSP da qual fui membro, soube que, ao contrário do que sempre se afirma, em 1971 não foi promulgada uma lei de diretrizes da educação nacional, mas sim de diretrizes e bases que regulamentou o ensino apenas para o 1° e o 2° graus.

ARTE/EDUCAÇÃO MODERNISTA E PÓS-MODERNISTA

Arte passou a ser considerada atividade ministrada por professores polivalentes, o que descaracterizou seu ensino nas escolas adotantes da lei. Já nas escolas experimentais, seguiam-se leituras e fundamentos dos autores identificados com as propostas renovadas, com forte base em Paulo Freire. Nos anos 1990, com a LDB 9394/96 e os Parâmetros Curriculares Nacionais, promoveu-se a orientação construtivista do ensino e da aprendizagem nos paradigmas já vigentes nos anos 1980. Desde os anos 1960, as bases piagetianas deram origem ao termo "construtivismo", que foi assim nomeado entre educadores progressistas tanto em arte como nas demais áreas do conhecimento.

Desse modo, compreendo que as propostas de Lowenfeld encontraram uma terra semeada de modernidade em nosso país, que fazia par com as ideias da pedagogia renovada assentes fora do Brasil desde 1920, sob impacto do pensamento de John Dewey.

THOMAS MUNRO: CRÍTICA À ARTE/EDUCAÇÃO MODERNISTA

Quais seriam as implicações das proposições da arte/educação moderna na contemporânea? Sabe-se que os modernistas priorizaram a distância entre a criança e as obras de arte, contudo, a inclusão da história da arte e da crítica na sala de aula – que, ao lado da produção e da estética, estruturam a proposição pós-moderna da arte/educação* – não pode ser concebida como diferencial da contemporaneidade. O questionamento sobre a falta da história da arte e da crítica na sala de aula já foi feito no seio da modernidade por Thomas Munro (1897-1974), filósofo norte-americano, curador educacional do Cleveland Museum of Art e professor da Westerns Reserve University. Munro estudou na Columbia University (1917), onde foi influenciado por John Dewey, adepto do "método por projetos" em arte, em oposição à modalidade acadêmica de estudo da escola tradicional. Ao se apoiar na organização por projetos, Munro a defende junto aos adolescentes para motivá-los na área de arte.

---

* O DBAE, o CSAE, a Metodologia Triangular e os autores contemporâneos associam algumas ou todas essas disciplinas em suas proposições com mais ênfase do que os modernos.

Na educação em arte, uma ênfase maior no pensar inteligente poderia ser realizada de diferentes formas. A primeira delas é um planejamento intencional por *projetos* envolvendo as construções artísticas. O método por projetos, com se sabe, revolucionou e revigorou o ensino fundamental americano. No ensino médio, isso é abandonado a favor de estudos acadêmicos. (MUNRO, 1956, p. 253,* tradução nossa).

Munro segue em seu texto e não defende apenas a "pedagogia por projetos", afirmou também que os métodos da escola progressista atenderam bem às crianças do ensino fundamental em arte, mas não alcançaram os mesmos propósitos com adolescentes. Criticou práticas da sua época nas quais se propunha a uma classe de jovens alunos – segundo seu exemplo, produzir naturezas mortas à maneira de Cézanne. Munro acreditava que os resultados seriam imitações pobres de sua obra.

O autor contrapõe a esse tipo de prática o uso inteligente da consciência do *eu* e da *motivação individual*. Tal arroubo escolanovista não o impediu de propor que esse caminho fosse construído pelo estudo da história da arte:

O conhecimento da História da Arte pode ser utilizado, não apenas de modo comum e superficial – tal como observar detalhes da História da Arte enquanto cenário de uma peça de teatro – mas com mais profundidade, para verificar como as antigas escolas de arte resolveram seus problemas, e, em decorrência, tirar sugestões para lidar com os próprios problemas estéticos, talvez de um modo bem diferente. (MUNRO, 1956, p. 253, tradução nossa).

Aqui, temos uma orientação de ensino da mesma natureza que nos indicaram os arte-educadores pós-modernistas Wilson, Wilson e Hurwitz (1987), apesar de Munro observar a aprendizagem da história da arte separada do fazer artístico em sala de aula. Coloca-se como os modernistas ao ir contra os aspectos meramente intelectuais da educação escolar, justificando que esses

---

* O livro reúne diferentes ensaios; o desta citação tem por título "Adolescence and art education" e foi publicado pela primeira vez no Bulletin of the Worcester Art Museum, XXIII, 2, jul. 1932, p. 61-80.

sobrecarregam os alunos deixando-lhes pouco tempo para atividades de observação cuidadosa e de uso da inteligência.

Na mesma linha de pensamento, Munro propõe o exercício da crítica de arte pelos alunos, incluindo mestres antigos e modernos e, de modo admirável para a época, indica a ação crítica dos alunos junto aos próprios trabalhos e aos dos pares, fugindo do viés individual que marcou o modernismo. Ao mesmo tempo em que o autor não faz parte do paradigma da escola tradicional, a ele se contrapõe, pois não aprova o ensino de história da arte e da crítica que oferece conceitos prontos ao aluno sem lhe permitir que construa a capacidade de julgar por si quando uma obra artística é melhor do que outra. E comenta: "em relação à crítica, eu me refiro especialmente ao processo de explicar, analisar e apreciar trabalhos específicos de arte em relação a padrões gerais de valor" (MUNRO, 1956, p. 254, tradução nossa).

Com exceção feita à proposta de criar para aprender sobre arte e para fazer arte a partir de obras (releitura, recriação de aspectos das obras em poéticas pessoais), aceitas na contemporaneidade, as formulações de Munro estiveram 50 anos à frente do Discipline-Based Art Education (DBAE), projeto pós-modernista norte-americano dos anos 1980, pois, como vimos, o autor escreveu essas críticas em 1932. Ele esteve mais próximo dos questionamentos hoje feitos ao DBAE e das propostas das escolas de formação de artistas de Duve (2012), que fazem oposição à orientação modernista do modelo Bauhaus, cujo foco foi a criatividade e também a crença de que "todos somos artistas".

Duve (2012) fala sobre formar artistas para terem capacidade de julgamento em relação à história da arte e também sobre instrução na área. Ele propõe situações de aprendizagem pelo fazer a partir da história da arte, tendo como método a criação do aluno, artista em formação, por meio de simulações de pertencimento à produção artística de alguém ou de uma época. Isso aproxima Thomas Munro das intenções de Duve, com exceção feita ao fato de que Munro não incluiu a prática artística dos alunos tendo obras como referência. Já Duve (2012) indica a instrução (sic) em sala de aula para promover a aprendizagem de conteúdos da história da arte por intermédio de fazeres diferenciados.

Munro propõe a aprendizagem da crítica por interação com obras e aprendizagem pela descoberta e sem instrução, uma postura modernista. Tais procedimentos do fazer crítico foram por ele considerados como ações de uso inteligente do pensamento para construir ideias próprias. E Munro foi além de Wilson, Wilson e Hurwitz (1987) ao propor a crítica como disciplina fundamental, mesmo que pela interação sem mediação de informações por professores, desde a educação infantil. Realmente é surpreendente o entrelaçamento e a predição da contemporaneidade nos textos de Thomas Munro. E, sempre se opondo aos propósitos do ensino tradicional no qual a crítica, a técnica e a história da arte são ministradas em versões únicas, como modo certo e pronto, para ele, impeditivos do pensamento autoral.

> Em substituição, proponho que o exercício do poder da crítica deveria ser uma das formas dominantes do ensino da arte em todos os níveis. É um processo que pode ser contínuo desde a tenra infância até a universidade, aplicado a diferentes materiais, e com mudanças de método para ficar passo a passo com o desenvolvimento da habilidade mental.
>
> A criança muito nova, claro, não pode ser solicitada no uso de palavras complexas ou seguir no encadeamento de inferências lógicas, mas ela pode ser encorajada, tão logo comece a falar, a expressar suas preferências entre diferentes objetos de arte e artefatos, dando razões a isto, para perceber e indicar as qualidades que distinguem um objeto do outro. (MUNRO, 1956, p. 254, tradução nossa).

É interessante notar a identidade dessa forma de contato com a arte proclamado em 1932 por Munro e o Critical Studies in Art Education Project (CSAE), projeto pós-modernista inglês dos anos 1980, no qual se propôs a aprendizagem de vocabulário ligado ao universo da arte. O Critical Studies atuou em oposição à falta dos aspectos contemplativos da arte na escola modernista, que valorizou apenas o fazer. Apesar da base escolanovista que estrutura o pensamento de Munro, ele nos apresentou, com uma diferença extraordinária de tempo, muitos embriões da arte/educação contemporânea.

Em relação ao vocabulário da arte, assim se expressam os autores do CSAE:

> A aquisição de um vocabulário de arte é fundamental para estudar na área. Mesmo um vocabulário limitado é necessário antes que alguém comece adequadamente ou, mesmo minimamente, a descrever, discutir ou comunicar sentimentos sobre objetos artísticos. Da educação infantil em diante, o vocabulário de arte da criança deveria crescer ao nível de alcançar a complexidade proporcional ao seu desenvolvimento intelectual. É importante na aquisição de qualquer vocabulário sobre arte terem sido dadas à

criança o maior número de oportunidades possíveis para usá-lo ativamente. (REID* apud TAYLOR, c1986, p. 271, tradução nossa).

E Munro segue nos deixando estupefatos, a cada parágrafo do artigo em questão, com o conjunto de indicadores da arte/educação pós-modernista por ele apontados, discorrendo sobre como deveriam ser os cursos de arte nas escolas e aproximando-se das ideias construtivistas de aprendizagem compartilhada, também indicadas por Duve (2012) para que os artistas aprendessem uns com os outros nas escolas de formação. Um aspecto que diferencia a proposta de Munro da pedagogia da Bauhaus é a saída da produção individual, isolada, seja no fazer ou no fruir.

> Qualquer curso de arte deveria incluir períodos de discussões *open-minded* na sala de aula, nos quais os estudantes pudessem falar sobre as razões de seu gosto, *links* e opiniões e, possivelmente, revisá-los por intermédio da comparação entre pontos de vista. (MUNRO, 1956, p. 253, tradução nossa).

Interessa destacar que no texto *Methods in the Psychology of Art,* publicado inicialmente em 1948,** Munro (1956) criticou a falta de pesquisas científicas sobre estética e crítica, explicitou que a literatura, nesse tema, é repleta de generalizações e psicologismos sobre "psicologia da arte" e "experiências estéticas". Incluiu em sua crítica a produção dos países de língua germânica e elogiou apenas uma publicação em língua inglesa, de A. R. Chandler, *Beauty and Human Nature*, publicada em Nova York, em 1934, afirmando que não existem boas sínteses do conhecimento no assunto. Citou algumas obras norte-americanas escritas para principiantes e afirmou que o livro de Lowenfeld (1959),*** *The Nature of Creative Activity,* é um relatório técnico detalhado, mas não faz jus ao seu título. Entretanto, Lowenfeld (1961) incluiu três títulos de

---

* REID, Louis Arnaud. Assessment and aesthetic education. In: ROSS, Malcom. (Ed.). *The aesthetic imperative*. Pergamon Press, 1981.
** Ver Munro (1948).
*** A primeira edição foi realizada na Inglaterra em 1938, a segunda, em 1952, reimpressa em 1959 traduzida do alemão por O. A. Oeser.

Munro em sua bibliografia* como indicação de leituras, dois sob o tema "Formas conscientes de encarar a expressão artística: aspectos gerais" e um sob a temática "Etapas inconscientes da expressão criadora (de 7 a 12 anos)". Entre essas indicações, Lowenfeld (1961) apontou um artigo de Munro** sobre Franz Cižek, no qual ele critica o método do arte-educador.

Tive acesso ao artigo citado por Munro (1956) no capítulo que tem por título "Franz Cižek and the Free Expression Method". Uma nota desse texto contém a informação de que ele foi publicado, originalmente, no *Journal of Barnes Foundation*, em outubro de 1925, e reimpresso por John Dewey e outros em *Art and Education* (DEWEY; BARNES, 1929).

Munro foi visitar a escola de Cižek e lá constatou mais liberdade para a criança observar o mundo e se autoexpressar por meios artísticos. Apesar de Cižek considerar que os trabalhos dos alunos não eram influenciados por outros, Munro notou semelhanças entre eles, que denotam influência dos artefatos austríacos e do novo expressionismo, que, segundo ele, virou fórmula em Viena à época (MUNRO, 1956). As crianças de Cižek não visitavam os museus de Viena, que era indicado apenas para que os jovens fossem a mostras modernistas, expressionistas, cubistas ou futuristas, para aprenderem o espírito da época. Para Munro, apesar do discurso de Cižek, a influência da arte adulta era óbvia entre as crianças menores e maiores. Destacou que o próprio Cižek, nas classes das crianças maiores, orientava uma arte "constructivism" (construtivista) ou "dynamic rhythm" (ritmo dinâmico), como ele mesmo nomeava. Esses termos nasciam da arte da época, cujas obras enalteciam as máquinas, o movimento, a construção e o poder.

Mas Munro é irredutível em relação aos equívocos da proposta de Cižek:

> A tentativa de afastar influências tem certamente algum efeito. Quais tipos de arte são mais fáceis de se manter afastadas? Não a comum das ruas, nem as infantis das salas de aula, mas a grande tradição do passado e os melhores trabalhos do presente. Não facilmente acessíveis, menos ostensivos do que o visível clamor ao redor, enterrados na desordem congelada dos museus, os

---

* MUNRO, Thomas. Adolescence and art education. *Methods of teaching the fine arts*. Chapel Hill: Univ. of North Carolina Press, 1935. MUNRO, Thomas. Creative ability in art, and it's educational fostering. *Art in American Life and Education*. Public School Publishing Co., Bloomington, Ill., 1941.

** MUNRO, Thomas. Franz Cižek and the free expression method y a constructive program for teaching art. *Art and Education*. Barnes Foundation Press, Pa., 1935, assim citado por Lowenfeld.

bons trabalhos de arte poderão nunca atrair a atenção ou serem compreendidos pela criança, a menos que o professor os aponte e a convide a ver como eles diferem das coisas que têm apelo óbvio. Caso não o faça pode ter apenas um resultado: que as influências ruins não terão com o que competir. (MUNRO, 1956, p. 240, tradução nossa).

E, certo de suas críticas, Munro as fundamenta dizendo que na escola de Cižek, de modo similar ao que ocorria nas norte-americanas, as crianças pequenas criavam livremente e os adolescentes ficavam convencionais, fracos artisticamente e com tendência sentimental. Munro pontua que em 20 anos de existência nenhum artista importante recebeu formação na escola de Cižek. Por um lado, Munro não está de acordo com as restrições dos métodos acadêmicos de ensino de arte, mas não pelas razões dos arte-educadores modernistas que afirmaram que eles transmitiam tradições. Munro opõe-se aos métodos acadêmicos porque eles transmitem poucas tradições e habitualmente florentinas, gregas e holandesas, como se estas tivessem absoluta autoridade.

Nesse sentido, para Munro, a orientação acadêmica e a de Cižek eram igualmente equivocadas, porque Cižek também restringia os alunos apenas a algumas influências e nem sempre às melhores, segundo o crítico.

A proposta e a crítica de Munro ficam claras quando escreve que

> Um vasto estudo das tradições é minuciosamente compatível com a experiência individual, e, na verdade, as escolhas originais são quase inevitáveis. Ao mesmo tempo, ao contrário do método da livre expressão, provê ao aluno a herança artística do passado, sem a qual o interesse pelos materiais artísticos não pode ser sustentado, nem seu uso tornar-se maduro e racional. (MUNRO, 1956, p. 241, tradução nossa).

Acredito que, apesar das críticas, Cižek sempre lutou pelo seu trabalho junto às crianças e jovens e foi mais valorizado fora de Viena. Munro narra que, pressionado pelas autoridades, Cižek transformou as aulas dos alunos mais velhos em classes convencionais de treino artesanal.

No texto de Francesca Wilson (1921) (Fig. 2.16) sobre uma palestra proferida por Cižek para professores de Dublin, verifica-se que ele foi consciente do declínio do trabalho do adolescente. Nesse texto, encontrei as palavras que

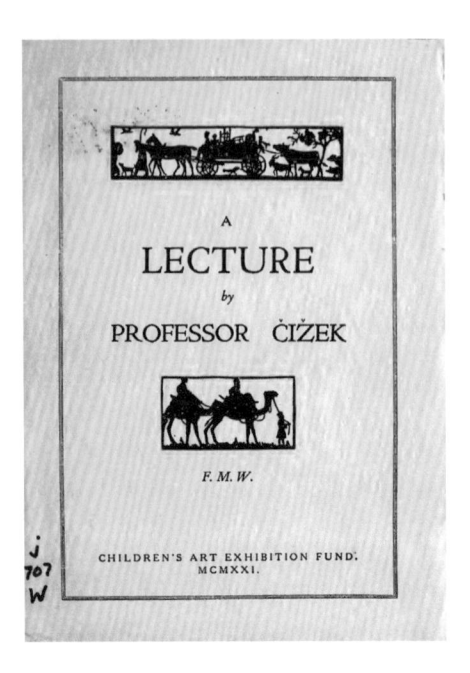

2.16 Capa do livro *A Lecture by Professor Cižek*, de Francesca Wilson.
Fonte: Wilson (1921).

Munro sublinhou sobre os jovens alunos de Cižek: "os adolescentes ficavam convencionais, fracos artisticamente e com tendência sentimental" (WILSON, 1921, p. 6), exatamente na forma que foram proferidas pelo arte-educador de Viena, na palestra relatada por Wilson, quatro anos antes do texto de Munro.

Elizabeth Safer (2006), autora vienense, pesquisadora do trabalho de Cižek, em uma palestra na Academia de Arteterapia Holística de ISSA,* em Viena, nos dá uma noção de como a escola de Cižek foi inovadora, ao afirmar que ela foi fechada pelos nazistas em outubro 1939 e reaberta como escola particular em 1940. Em 1947, Cižek faleceu e a escola foi conduzida pela profa. Ada Schimitzek até seu encerramento definitivo, em 1955.

---

* Não encontramos referências a essa sigla.

A ARTE DA CRIANÇA E DO JOVEM NA ESCOLA PÓS-MODERNA

3

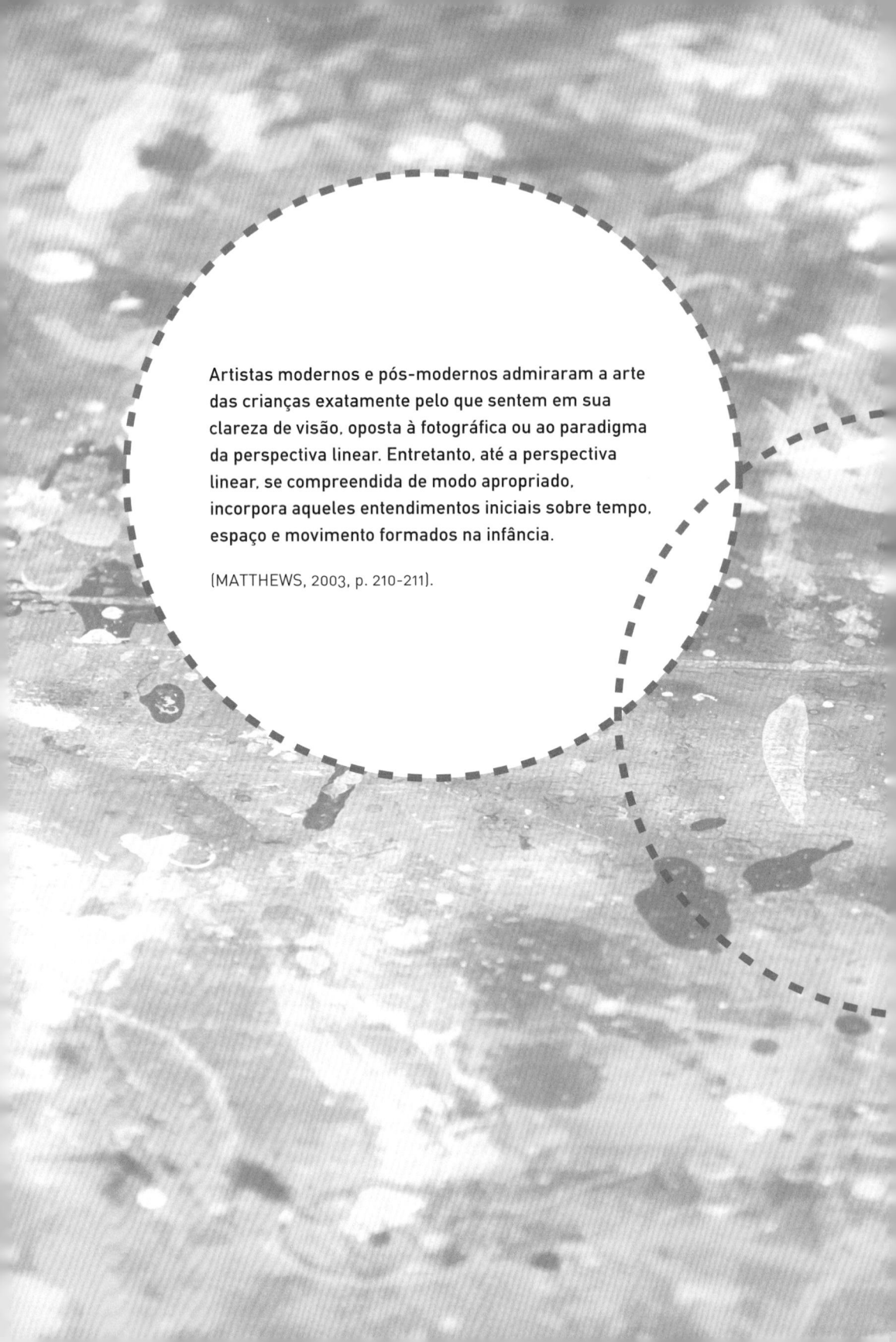

Artistas modernos e pós-modernos admiraram a arte das crianças exatamente pelo que sentem em sua clareza de visão, oposta à fotográfica ou ao paradigma da perspectiva linear. Entretanto, até a perspectiva linear, se compreendida de modo apropriado, incorpora aqueles entendimentos iniciais sobre tempo, espaço e movimento formados na infância.

(MATTHEWS, 2003, p. 210-211).

OS ANOS 1980 E SEUS DESDOBRAMENTOS

Foi no contexto de 1960 e nas duas décadas seguintes que o trabalho de Lowenfeld encontrou eco nas demandas educacionais brasileiras. A partir de 1980, as escolas que trabalhavam no paradigma renovado passaram a estruturar o ensino da arte nos paradigmas da contemporaneidade. A arte/educação pós-moderna desenvolveu-se na escola construtivista, na qual se considerou a interação da criança com a produção social e histórica da arte fonte de sua criação e aprendizagem. Um marco dessa mudança em nosso país foi a realização do 3º Simpósio Internacional sobre o Ensino de Arte e sua História, realizado pelo Museu de Arte Contemporânea da Universidade de São Paulo, sob direção da profa. Ana Mae Barbosa, em agosto de 1989, cujos textos foram organizados, traduzidos e publicados.

> Como resultado do III Simpósio Internacional sobre o Ensino
> da Arte e sua História podemos verificar que a discussão sobre
> inter-relacionamento dos aspectos expressivos, culturais e

gramaticais das artes visuais e do seu ensino tornou-se presente em todos os encontros de arte-educadores e/ou pesquisadores em arte ocorridos em 1990. (BARBOSA; SALES, 1990, p. 9).

Com o fim da Ditadura Militar, o processo de abertura política e o estabelecimento da ordem democrática efetivada pela Constituição de 1988, abriu-se caminho para novas propostas à escola pública. No Brasil, a LDB – Lei nº 9.394/96 (BRASIL, 1996a), ainda vigente, acompanhou as novas orientações do ensino da arte junto com a escrita e a distribuição dos Parâmetros Curriculares Nacionais, documentos que são referenciais de qualidade para a educação na educação básica.

Passo a abordar os autores contemporâneos, cotejando concepções da arte/educação modernista que possibilitam uma análise da interação entre elas e as proposições pós-modernistas.

A maioria dos autores contemporâneos se refere ao trabalho de Lowenfeld para analisar, discorrer ou discordar de seus princípios à luz da contemporaneidade, mas sua presença é indiscutível nas menções e no lugar de honra que conquistou na área da arte na educação.

O DEVIR DO MARCO CONTEMPORÂNEO NO MODERNO

A aprendizagem em arte na escola construtivista promove as interações das crianças com a produção social e histórica da área e, ainda, com a de outras crianças. As ideias e as práticas que a criança constrói quando faz e conhece arte são promovidas por ações autoestruturadas e por outras, estruturadas pelos professores com o objetivo de que ela aprenda.

Entre as ações autoestruturadas do fazer artístico, a oficina de percurso criador, por exemplo, está próxima das práticas modernas, com o diferencial de que nelas o aluno põe em ação as aprendizagens dos momentos intencionalmente planejados pelos educadores, nos quais pode aprender por intermédio do fazer e do refletir sobre arte.

Na oficina de percurso criador, a consignação do professor é de que a tarefa do aluno seja autoproposta; trata-se de uma atividade autoestruturante, na qual é o próprio estudante que se coloca, propondo o que vai fazer e como vai trabalhar. Essa fatura estará alimentada pela aprendizagem dos conteúdos assimilados nas atividades planejadas e propostas pelos professores. Quando existe na rotina escolar uma permanente alternância entre oficinas de percurso criador e propostas do professor, que visam à aprendizagem de conteúdos da área de arte, pensamos que há uma assimilação de aspectos das proposições modernistas ressignificadas no marco pós-moderno, porque o momento propositivo do aluno, embora alimentado pelo conhecimento da arte adulta ou dos pares, será de expressão e construção pessoal, autoral e genuína. De modo análogo, podemos pensar a sua fruição artística com a mesma alternância entre atividades autoestruturadas pelos alunos e propostas pelos professores.

Essas orientações de balanceamento entre atividades "abertas" e "fechadas" estão nos Parâmetros Curriculares Nacionais de Arte para o ensino fundamental de 1ª a 4ª e de 5ª a 8ª séries (BRASIL, 1996b), hoje anos iniciais e finais do ensino fundamental.

A aprendizagem a partir da arte, proposta no pós-modernismo, passa por um processo criativo de compreensão daquilo que rege as poéticas dos artistas sem a elas se submeter para aprender. Há uma grande diferença entre propor a uma criança que copie ou interprete as imagens de um artista para aprender sobre suas produções e criar situações de aprendizagem com imagens da arte nas quais o aluno busca compreender os procedimentos dos artistas e os problemas que eles se colocaram para deles aprender em benefício de sua própria arte, reconstruindo aquelas poéticas a seu modo, com seus temas e suas intenções. É possível ao aluno, por exemplo, como dizem Wilson, Wilson e Hurwitz (1987), tentar se colocar diante de alguns dos problemas que o artista resolveu em seu trabalho, como, por exemplo, a representação de corpos em movimento ou aglomerados de pessoas como multidões. Esses autores supõem que o aluno pode fazê-lo em situações por ele eleitas, sem remissão copista à imagem estudada. Portanto, os autores propõem uma ação de aprendizagem autoral, com ponto de partida em uma imagem da arte para gerar, a partir dela, tantas respostas quantas forem os alunos da sala.

Sempre é desejável que a criança tenha autoria no contato com a criação dos artistas, tanto para conhecê-la fazendo arte, como fruindo ou interpretando-a, refletindo sobre ela; assim, desenha-se a proposta pós-moderna. Ser autor de um trabalho artístico tem tantos desafios quanto aprender com autoria, porque ao aprender o aluno cria conhecimento novo para si, mesmo que tais conhecimentos já estejam configurados, como saber corrente, no meio social. Em outras palavras, cabe ao professor de arte propiciar ao aluno a oportunidade de construir um caminho para aprender a partir de um conhecimento já existente para dele se apropriar e assimilar. Tal proposta didática não impede a criança de se colocar como alguém que cria seguindo seus próprios desígnios na aprendizagem sobre arte e no fazer artístico.

Como ensinar para que a criança se deixe afetar pela arte sem perder a experiência com a própria ação artística é hoje a chave do ensino na área nos paradigmas construtivistas. Essa prática de ensino mudou muitos referenciais a respeito do que é e de como a arte pode ser aprendida por crianças e jovens.

A arte/educação modernista transcorreu com base em novas teorias da arte, da educação e da criança, e, com o passar do tempo, surgiram outras teorias e práticas no universo da arte/educação, reorientando-a à pós-modernidade. Foram os novos pressupostos modernos que promoveram e possibilitaram a geração de um novo paradigma, o da arte/educação pós-moderna.

Um dos temas da arte/educação modernista que passaram a ser questionados na pós-moderna foi a arte espontânea da criança. Afinal, o que é espontâneo? Tomemos como exemplo o lápis e o papel que são, em si, produtos culturais datados. Os arte-educadores que praticaram a livre expressão, que ofereceram esses materiais para as crianças desde a garatuja, queiram ou não, ficaram circunscritos ao sistema da arte pelo viés procedimental, que é um tipo de conteúdo do ensino na área. Nesse sentido, a arte espontânea da criança modernista teve aspectos cultivados, influenciados pela arte produzida socialmente, como na pós-modernidade. À medida que a criança, progressivamente, solicitava mais do que a oferta de meios e suportes, arguindo, por exemplo, como desenhar uma sombra, uma vista aérea, uma mão ou uma boca para seguir em seu percurso criador, muitos professores modernistas não sabiam por onde ir. A orientação prevista era de que os alunos o fizessem por tentativas e descobertas. Aí residia a limitação da proposta modernista e, muitas vezes, a do próprio professor, que, em muitos casos, nunca desenhou, porque não era necessário ser artista ou saber fazer e conhecer arte para trabalhar na área, apesar de que vários autores modernos aqui analisados possuíssem essa formação.

Os pedidos recorrentes dos alunos para desenhar coisas específicas, como escrevi anteriormente, davam-se em torno dos 11 até os 14 anos de idade, mas também ocorriam, em alguns casos, com o ingresso no ensino fundamental, na descrição de diferentes autores modernos, e coincidiam com o empobrecimento expressivo, a dita estagnação da arte infantil. Tanto Cižek quanto Lowenfeld creditavam à adolescência a causa central do bloqueio, ao desejo de ingresso no mundo adulto, às exigências acadêmicas da vida escolar dos jovens menos voltadas à arte. Na modernidade, depois desse período, alguns jovens voltaram a fazer arte, e outros não. A continuidade podia se dar na época, se os alunos estagnados recebessem formação em escolas para artistas; nos demais casos, se não fossem autodidatas, permaneciam estagnados. Os alunos autodidatas da modernidade sequer passavam por parada criativa, encontravam um método próprio de aprendizagem e se desenvolviam artisticamente. A "ausência de parada criativa" de alguns alunos de Cižek foi relatada por Viola (1944).

A adolescência, como marco de grandes transformações físicas e psíquicas, é um fato cultural que muda de figura no tempo, em diferentes lugares, e relaciona-se com as culturas. Ao tratar o assunto indicando essa diversidade, Viola se refere aos estudos de Margaret Mead (1901-1978), a partir de sua experiência com povos primitivos, narrada no livro *Coming of Age in Samoa: a Psychological Study of Primitive Youth for Western Civilization*,* que teve sua primeira publicação em 1928.

> A adolescência não é necessariamente um tempo de estresse e tensão, mas as condições culturais assim a tornam [...] O estresse está em nossa civilização, e não nas mudanças físicas pelas quais a criança passa. (MEAD apud VIOLA, 1944, p. 62-63, tradução nossa).

Cižek atribuiu ao despertar do intelecto a fratura criativa da adolescência e situou-a em torno dos 14 anos. Essa afirmação estava nas anotações de uma palestra dada por ele em 1921, já citada anteriormente, a qual Francesca Wilson registrou e comentou em *A Lecture by Professor Cižek*.** Um trecho dessa entrevista foi destacado por Viola:

> As pessoas cometem um grande equívoco ao pensar na arte da criança como mero degrau à arte adulta. Ela é em si mesma completamente fechada em seu isolamento, seguindo suas próprias leis e não as dos adultos. Uma vez que seu longo tempo de florescimento terminar, nunca mais voltará. A crise na vida de uma criança habitualmente se dá aos 14 anos – esse é o momento do despertar do intelecto. A criança torna-se muitas vezes crítica de seu próprio trabalho e fica completamente paralisada e inábil para continuar o trabalho criativo. Até então, ela trabalhava plena de sentimento, inconscientemente, espontaneamente, pressionada por uma necessidade interna. Claro, não há razão para que o intelecto

---

* MEAD, M. *Coming of age in Samoa*: a psychological study of primitive youth for western civilization. New York: William Morrow e Company, 1928. Disponível em: <https://archive.org/details/comingofageinsam00mead>. Acesso em: 24 out. 2014, citado por Viola (1944).
** Wilson, Francesca. *A lecture by Professor Cižek*. Childrens Art Exibition Fund., 1921. Disponível em: <https://www.hightail.com/download/UlRTak8xaTE4NVd5VmNUQw>. Acesso em: 19 jan. 2015.

seja uma barreira à criação, ele deveria ser uma ajuda. Mas na maioria das vezes ele não é. O professor precisa tentar ajudar a criança a sair da crise. Demasiada pressão deve ser evitada – a criança não pode ficar muito nessa irrupção de conhecimento. Sua personalidade pode desaparecer por completo diante da multiplicidade de ideias e influências. De qualquer modo, a grande quebra, a parada, vem nesse período, e depois disso você tem ou a arte do adulto ou mais nenhuma época criativa. (WILSON apud VIOLA, 1944, p. 63-64, tradução nossa).

Adentremos nesse trecho da palestra de Cižek, porque muito nos revela sobre a concepção da arte/educação moderna, por ter como princípio que a arte da criança é um valor em si mesma e ganha existência com leis próprias, que não precedem nem seguem as da arte adulta. É o mundo maravilhoso da criança a desabrochar em cada imagem criada e que por ela vai se transformando. Que leis próprias seriam essas e que infância seria essa que praticamente não interage com a vida adulta? Seria uma infância na qual a criança vivesse absorvida apenas por seu mundo simbólico e com suas faturas artísticas? Como e para que vendar os sentidos e os significados atribuídos pela criança àquilo que tem vida e qualidade no entorno, à arte e ao mundo dos adultos? Impedir a interação com os aspectos com os quais ela pode conviver sem se perder de si? Tal proposição filosófica devia ser muito importante à sobrevivência da infância na época.

A contraposição da educação como preparação para a vida adulta, que foi apregoada pela escola tradicional, que roubava da criança a possibilidade de pensar e agir a partir de sua lógica, gerou outra face da mesma moeda, negando a gênese que também contém invariâncias da infância à vida adulta. No reverso da moeda, o jovem, ao alcançar o auge da capacidade intelectual, como diz Cižek, vive a morte de sua arte. Para Cižek, o adolescente perde a capacidade de expressar sua individualidade, porque a natureza simbólica e imaginária é eclipsada pela pressão social e pelo excesso de fluxo de conhecimento de fora para dentro. Tese pouco convincente ao pensamento educacional contemporâneo, no qual se crê que desde que a criança nasce esse fluxo já acontece.

A conduta dos adultos com as crianças foi uma grande preocupação dos arte-educadores modernos, que preferiram separar o mundo da criança do universo adulto e de seu sistema artístico. Entretanto, cada criança tinha uma filiação a um campo de forças adulto, desde que nasceu, e, progressivamente, foi movida a participar da sociedade.

Uma lente de aumento foi posta sobre as crianças pela educação moderna, para que elas fossem vistas de outro modo, com existência ampliada aos olhos dos pais e professores. Essa nova visão, que colocou a criança modernista como alguém com perspectivação própria, não impediu que, no contemporâneo, tal perspectiva fosse mantida, acrescida do reconhecimento de uma conexão inexorável das crianças com a cultura adulta e o entorno artístico, o qual inclui as produções artísticas de outras crianças e de artistas. Portanto, defender o mundo infantil, o valor da imaginação, da criatividade e de suas formas de ação e pensamento, hoje, não impede a aprendizagem sobre a arte dos artistas e o percurso criador autoral.

Entre os arte-educadores modernistas que foram artistas ou passaram por formação em arte, constatamos, em seus textos, certa idealização do mundo da criança e do jovem, no qual a criatividade e a autoexpressão operariam sempre de dentro para fora, perdendo estabilidade com ventos em sentido contrário. Lowenfeld foi uma exceção junto aos adolescentes.

Se os modernos temiam inaugurar junto ao jovem uma proposta diferente da livre expressão, isso foi feito para todas as idades, da criança ao adolescente, pelos arte-educadores pós-modernistas. Alguns deles, entretanto, como veremos adiante, ainda preservaram o trabalho livre para as crianças de 0 a 6 anos, tal é o grau de influência ainda presente do modernismo no contemporâneo.

Cižek formulou que a arte infantil tem três razões para a criação: o instinto criativo, o instinto de ordenação e o de imitação. Ele atribuiu submissão às influências negativas que a criança sofre se o instinto de imitação predominar sobre os demais e sempre insistiu que não ocorriam paradas na arte do "adolescente" entre os povos primitivos em função da passagem natural da infância à vida adulta, atribuindo à sociedade da época a parada criativa (VIOLA, 1944).

Mas o caminho do devir contemporâneo já está indicado no livro de Viola (1944), quando ele escreve sobre o pensamento de Kornmann,* que se refere à

---

* Britisch-Kornmann é assim citado por Viola (1944, p. 66) e não encontramos essa referência bibliográfica nos seus livros, que não as incluiu, nem sequer a localizamos na bibliografia dos livros de Lowenfeld. Como sua afirmação é relevante, informamos que a encontramos como "Gustaf Britsch: Theory of Fine Art (edited by Egon Kornmann), 1926", em: <http://en.wikipedia.org/wiki/Gustaf_Britsch>. Acesso em: 25 out. 2014. Esse verbete traz uma breve biografia de Britsch (em inglês), que reproduzimos a seguir.

"*Gustaf Britsch was born into a middle-class Swabian family of teachers. He left his family early. He first studied architecture at the University of Stuttgart and worked as an architect in Stuttgart. Then he enrolled in 1906 at the Munich University of Philosophy and studied with Hans Cornelius and Theodor Lipps. He created theories to the understanding of art by early 1907, which were received by Adolf von Hildebrand and Konrad Fiedler. In 1909 he founded in Florence the "Institute of Theoretical and Applied Art Studies". In 1910, he was encouraged by Cornelius to publish his theories. He moved back to Munich in 1911 and in 1912 opened the Institute of Theoretical and Applied Arts Science again on Theresa Street in Schwabing. In 1913 he spoke at the Congress of Aesthetics and General Art Studies in Berlin. Together with his student Egon Kornmann he represented a highly regarded school of thought about children's artistic development, which*

criança como ser genuíno, como os povos primitivos, mas que, quando cresce, fora dessa atitude, e entra em contato com a arte dos adultos, não pode mais desenhar como criança. Essa tese de associação entre a arte da criança e dos povos primitivos já foi desconstruída, conforme vimos no texto de Rouma na seção sobre pares modernos de Lowenfeld.

Mas como poderia um adolescente seguir criando como criança se não o é mais? Se, mesmo na infância, cada desenhista passa por diversas fases, constatadas pelo próprio Cižek e nomeadas segundo o livro de Viola (1944) como *The Psychogenesis of Child Art*, descritas na ordem da mais avançada às fases iniciais:

1 Pura unidade de Gestalt (formando e moldando)

2 Diferenciação de cor, forma e espaço

3 Introdução de características (enriquecimento da percepção e experiência) – atalho para o convencionalismo, naturalismo e ilusionismo

4 Introdução de tipos

5 A real arte infantil:

- Estágio simbólico – abstrato (egípcio)
- Ritmo do espírito e da mão (atalho para o ornamento, arte decorativa)

Período do rabisco e dos borrões. (VIOLA, 1944, p. 25, tradução nossa).

---

found its way into art education programs in Germany. These theories were also contradictory to others, such as Richard Mund.

After Britschs' death, Kornmannn continued the Gustaf Britsch Institute in Starnberg. He also married Britschs' widow Louise, and clarified with her Britschs' designs and theories. So the Starnberger Kornmann-Britsch-circle (also Britsch-Kormann School) was founded, which employed art teacher Hans Herrmann.[1][2] Kornmann was editor in the 1930s of the magazine The Shape.[3]"

Segundo Viola (1944), Cižek sistematizou essas fases depois de 15 anos de trabalho junto a crianças, iniciado em 1897, portanto, em 1912.

As explicações para a estagnação da arte dos adolescentes nos autores modernistas parecem-nos escorregadias, com suporte filosófico e psicológico, sem uma base psicopedagógica ou uma teoria da aprendizagem que as sustente. Essa base consolidou-se na pós-modernidade nas investigações construtivistas.

Para Kornmann, citado por Viola (1944), a criança desenha sem separar a imagem interior da sua pintura. Mas, na adolescência, quer que a imagem represente o mundo natural e fica submissa à perspectiva linear e ao maneirismo (agir à maneira de outros artistas), perdendo a imagem interior em conexão com a criada por ela. Para tanto, sugere, do mesmo modo que Cižek, como alternativa, que se introduzam novos meios e técnicas que impeçam o raciocínio que bloqueia a produção das imagens, qual seja, o desejo de representar o real. O autor afirma ainda que o adolescente entra em contato com as pinturas do mundo adulto e passa a não poder mais desenhar como criança.

Aí reside uma contradição que foi solucionada na arte/educação pós-moderna, que nos dá pistas para outro raciocínio: se a arte adulta está servindo como referência para explicar a quebra de criatividade na adolescência, como lemos anteriormente, e o jovem não aceita mais desenhar como criança, denota-se que ele tem questões próprias. Essas questões o levam a querer assimilar os sistemas de representação artísticos do meio, que agora percebe com muita clareza (IAVELBERG, 2003).

Mas, como a livre expressão não previa a aprendizagem e a identidade com imagens de outros, tanto de adultos como de crianças, ofereceu-se ao jovem alternativas falsas. O fato de diversificar apenas meios e suportes oferecidos mostrou-se como estratégia imprópria e não permitiu aos jovens alcançar as imagens e as soluções que via nas obras de arte. Na prática, isso significou impedir o jovem de seu crescimento artístico, porque a demanda que dele partia colocava em xeque tudo o que foi teorizado pelos arte-educadores modernistas para o processo criador das crianças menores.

Hoje nos parece estranho pensar porque um autor como Cižek, que teve formação de artista em escola moderna, não percebeu a possibilidade de aproximação substantiva do adolescente ao mundo da arte adulta. Por que impedi-lo? Qual é a razão que levou esse artista/educador a crer que a criatividade depende de alienação do sistema da arte, em vez de supor que o ingresso nele seria um caminho de liberdade e desenvolvimento? Sabe-se que as teorias educacionais de cada época têm seus alcances e suas limitações.

Lowenfeld foi além, aproximou-se mais das orientações contemporâneas, anunciou o seu devir. Ele também insistiu na manutenção da liberdade de modelos pelos adolescentes, mas aí, como vimos, reside um segmento de orientação diferenciada de seus textos: neles, revela sua própria formação em arte no modelo Bauhaus, mas também seu contato com a arte contemporânea norte-americana. Ele aproximava o adolescente de conteúdos advindos de trabalhos de artistas, sempre sob demanda de um conteúdo específico de um trabalho em andamento do aluno, necessitado daquela informação. Com essa orientação didática, nosso autor pensava manter a individualidade e a autoexpressão do jovem sem lhe negar acesso ao mundo da arte, dando abertura ao fruir direcionado às necessidades das faturas específicas do adolescente. Muitos arte-educadores trabalham desse modo na contemporaneidade, dando informações oriundas da arte diante de demandas do aluno. É o que veremos nos textos de John Matthews, autor da arte/educação contemporânea.

A ARTE/EDUCAÇÃO DA ESCOLA CONTEMPORÂNEA: FUNDAMENTOS DO CONSTRUTIVISMO

Os estudos transculturais dos desenhos de crianças (WILSON; WILSON; HURWITZ, 1987; CAMBIER, c1990), além de derrubarem a crença na universalidade da arte da criança, verificaram que a possibilidade de interação sistemática com a arte de outros (adultos e crianças) e a falta dela geram, respectivamente, riqueza e precariedade expressiva e construtiva na arte infantil. As artes da criança e do jovem mudam ao longo do tempo histórico. Diante disso, pode-se verificar a relação inexorável entre visão de arte, de educação, de arte da criança e do jovem, de ensino e de aprendizagem, que mobilizou as formulações didáticas que entraram em vigor na pós-modernidade.

A ESCOLA CONSTRUTIVISTA

O construtivismo é uma entre outras tendências pedagógicas que caracterizam as áreas do currículo escolar contemporâneo e que orientaram a elaboração dos PCN e também a minha reflexão sobre arte/educação. Arte é uma das áreas de conhecimento presentes nessa tendência. Nela se considera que as aprendizagens mobilizam o desenvolvimento artístico, que articula tanto as capacidades intelectuais como a prática artística dos alunos e sua interlocução com objetos socioculturais do universo da arte (obras, livros, catálogos, vídeos, etc.) nas situações de aprendizagem.

> Suponho que o termo Construtivismo como equivalente à epistemologia genética só foi assumido por Piaget na década de 1960... Apesar disso, analisar o conhecimento como construção sempre foi o principal objetivo desse autor. Assumir o conhecimento como construção impõe-nos um desafio muito grande. (MACEDO, 2004, p. 91).

Com efeito, a escola hoje é compreendida como instituição que promove múltiplas interfaces com agentes sociais, outras instituições e espaços geográficos a seu alcance. Esses vínculos consubstanciam interferências na aprendizagem, ou seja, aprender não pode ser compreendido apenas como fruto da ação em sala de aula e, sendo assim, todo o sistema complexo de interfaces da escola com o entorno precisa ser interpretado como fator interveniente na aprendizagem. Em outras palavras, a avaliação das aprendizagens, hoje, precisa ser sistêmica analisando ao mesmo tempo: o trabalho dos agentes sociais e profissionais da escola; os recursos econômicos disponíveis; a origem social dos alunos; os valores culturais das comunidades atendidas; o viés administrativo e político que rege a educação escolar; a participação dos pais ou responsáveis pelos alunos; a formação dos professores e o trabalho da equipe; os documentos curriculares e o projeto político-pedagógico das redes. Tais aspectos (a depender do contexto, outros poderiam ser citados) fazem parte da dinâmica de funcionamento escolar e precisam ser considerados, pois interferem no processo de aprendizagem e em seus resultados.

O foco do ensino orientado à avaliação das aprendizagens é um fato que caracteriza as práticas educativas contemporâneas. Na escola tradicional, o professor ocupava-se apenas com o ensino. Nas escolas modernistas, como vimos, em alguns casos, foi autorizado o desenho de observação da natureza como forma de desenvolvimento da percepção. O desenho estava presente tanto nas aulas de arte como em atividades de estudo do meio, nas quais se promoviam viagens com os alunos para expandir o conhecimento de mundo e de áreas específicas do currículo. Nesse percurso, foram abertas as veredas que possibilitaram ensinar arte na escola ultrapassando a linha que a separa do sistema da arte; relacionando a arte infantil à adulta; propiciando a crianças e jovens o contato com a produção social e histórica da arte em sua diversidade; documentando e promovendo a comunicação das produções artísticas dos alunos. Entre outras, essas são as transformações ocorridas na passagem da arte/educação modernista à pós-modernista. Isso posto, o trabalho dos artistas, as obras dos museus e instituições culturais, a arte de rua, os ateliês dos artistas, os textos sobre arte e outros aspectos do sistema da arte são conteúdos da área.

No construtivismo, acompanha-se a aprendizagem dos alunos para orientar as situações de ensino. A existência de sujeitos autodidatas em arte é um fato raro como o é nas demais áreas de conhecimento. Ser autodidata não significa viver sem aprender os conteúdos escolares, mas ter um método próprio e eficaz de alcançá-los por si, que pode, inclusive, ser observado para compreender como se aprende em um domínio específico. A área de arte, infelizmente, ainda é desvalorizada e, praticamente, alijada dos currículos escolares, apesar da legislação. Assim, é comum o aluno ser abandonado à própria sorte em atividades espontâneas sem que suas aprendizagens sejam avaliadas para o planejamento do ensino.

A falta de professores formados na área no Brasil implica orientações equivocadas em muitas escolas da educação básica. Entretanto, todos os alunos poderiam aprender e se desenvolver em arte com orientações didáticas adequadas.

Para que se aprenda com profundidade na área de arte e para seguir aprendendo por si na vida pós-escolar, os alunos que frequentam as escolas precisam assimilar uma quantidade expressiva de conteúdos para que possam estabelecer relações complexas entre eles. Em outras palavras, arte se aprende, inclusive a fazer. Portanto, a escola é o espaço onde se pode promover a postura investigativa do aluno. As aprendizagens são promovidas pelos professores por intermédio de sequências didáticas ou projetos de trabalho, modalidades de organização do ensino que são planejadas respeitando a cultura que o aluno traz consigo, seus conhecimentos anteriores e o potencial de aprendizagem de cada um. Nisso, pesa a fundamentação da epistemologia genética de Piaget, que nos ajuda a observar aquele que aprende em sua própria perspectiva. Lino de Macedo, ao falar sobre o construtivismo na aprendizagem em leitura e escrita, cujos fundamentos servem à arte, afirmou:

> O construtivismo, na perspectiva de Piaget, valoriza a relação sujeito-objeto de modo interdependente. Interdependência, não é demais repetir, é ser, ao mesmo tempo, parte e todo em um sistema, de um modo indissociável. Qual é a parte do professor, da escola, da família nas dificuldades de uma criança?
> A dialética entre as partes e o todo supõe considerar uma relação de interdependência de modo complementar. O que significa complementar? Significa admitir que, por exemplo, dependemos

do outro para continuar jogando. Uma jogada não pode ser vista de um modo isolado, independente, pois ela só tem sentido se complementada pela jogada do outro. (MACEDO, 2004, p. 101).

Autores modernos da arte/educação, como Rhoda Kellogg (1969), Arno Stern (1961, 1962, 1965), Franz Cižek (1910), Viktor Lowenfeld (1961) e Florence de Mèredieu (1979), falaram da exuberância criativa da arte da criança antes do ingresso nos anos finais do ensino fundamental. Entretanto, hoje, a grande exposição a imagens leva as crianças pequenas a realizarem mais interações e comparações entre suas imagens e as do meio. Elas, então, mais precocemente encontram "erros" em seus desenhos e afirmam que não sabem desenhar. Infelizmente, isso já pode ser observado desde a educação infantil. Acredito que, respeitadas as possibilidades de aprendizagem, o contato com a produção social e histórica da arte já deve ocorrer desde o início da educação infantil, para garantir oportunidades de aprendizagem e evitar o bloqueio precoce e reconhecer que a fundamentação didática é uma só para todas as faixas etárias – o que varia é sua pertinência e adequação ao contexto físico, intelectual e cultural dos alunos.

Hoje, a arte da criança de 0 a 3 (creche) e de 3 a 5 anos (pré-escola) compõe os projetos curriculares e os documentos nacionais de apoio à escrita curricular, Referencial Curricular da Educação Infantil (RCNEI) (BRASIL, 1998c) e as Diretrizes Curriculares Nacionais da Educação Básica (DCNEB) (BRASIL, 2013). A escola de Cižek em Viena trabalhou com alunos de 4 a 14 anos, quando a arte espontânea foi elevada em importância. Nas creches contemporâneas, atividades artísticas, que supõem o conhecimento da arte pelos professores, são desenvolvidas em salas de aula.* Nas práticas educativas modernas da arte/educação, como vimos, tanto os processos de criação como o potencial criador eram tidos como fatores naturais do desenvolvimento artístico para toda e qualquer criança. A criança pequena garatujava e depois passava a simbolizar, sempre expressando suas experiências e sua imaginação em suas produções artísticas. Entretanto, o estereótipo e o bloqueio ocorriam – apesar de este ter sido mais frequente na adolescência, sua existência já foi relatada, antes desse período, em crianças pequenas, por Lowenfeld (1961).

---

* Denise Nalini, doutoranda da FEUSP, desenvolve trabalho com arte contemporânea e formação de professores junto a crianças de 0 a 3 anos, por intermédio do Instituto Avisalá, da cidade de São Paulo.

Acreditamos que a arte/educação pós-moderna, por ter aproximado a arte da criança da adulta, sem submetê-la a seus modelos, mas preservando as intenções artísticas e estéticas das crianças e dos jovens, pode traçar os caminhos de construção da gênese, sem paradas, da arte infantil à adulta.

A EPISTEMOLOGIA GENÉTICA DE PIAGET COMO FUNDAMENTO CONSTRUTIVISTA

"Ser construtivista implica considerar reciprocamente estrutura e gênese, sujeito e objeto" (MACEDO, 1994, p. 28). A epistemologia genética de Piaget foi uma base teórica substantiva que norteou a leitura do ensino e da aprendizagem na minha análise e reflexão sobre os textos aqui tratados. Quando se pensa em estrutura na teoria piagetiana, supõem-se diferentes níveis de equilibração dessas estruturas inteligentes (práticas e reflexivas), cada vez mais complexos e aperfeiçoados, que possibilitarão aos alunos aproximação e assimilação dos conteúdos conceituais (fatos, conceito, princípios), procedimentais (fazer técnico) e atitudinais (valores e atitudes). Tais conteúdos foram construídos na sociedade por aqueles que pensam e fazem arte.*

As aprendizagens artísticas apenas terão sentido, ou seja, serão significativas (AUSUBEL,1970), quando assimiladas por intermédio de ações reflexivas do aluno, relacionadas com quantidade substantiva de seus conhecimentos prévios. Ao aprender, o aluno pode interagir com diferentes tipos de conteúdos pertinentes à arte desfrutando-os para si e para sua participação social. Na epistemologia genética, concebe-se que um conhecimento novo desequilibra aqueles já assimilados e promove novos equilíbrios de saber mais abrangentes. O desenvolvimento da inteligência que acompanha as faturas e a compreensão da arte na escola, hoje sabemos, depende de aprendizagem que não é simplesmente natural. Anteriormente, os arte-educadores modernistas acreditavam em uma idade demarcada como fase do bloqueio. O aprender arte é um potencial que para a maioria das crianças e dos jovens pode se concretizar plenamente ou não, a depender das oportunidades educativas. Na Escola Renovada, associaram-se as fases do desenvolvimento da arte da criança e do jovem a cada estágio do desenvolvimento da inteligência descritos por Piaget (sensório-motor,

---

* As aprendizagens conceituais, procedimentais e atitudinais estão desenvolvidas em Zabala (1998) e Coll (1997).

pré-operatório, operatório concreto e operatório formal). Em diferentes autores modernos da arte/educação, há uma divisão da arte dos alunos em fases, porque se acreditava que as conquistas de cada etapa artística estavam ligadas ao desenvolvimento da criança.

Da leitura dos livros de Piaget *A representação do mundo na criança* (1979), *A formação do símbolo na criança* (1975) e *A psicologia da criança* (PIAGET; INHELDER, 1994) pode-se compreender que a teoria piagetiana concebe o nascimento da inteligência antes da linguagem. Essa inteligência é prática, se dá no plano do êxito, do saber fazer, e é inscrita no corpo desde o início da vida, em movimentos e sensações. Segundo Lino de Macedo (2010, informação verbal):

> A inteligência sensório-motora precede à inteligência simbólica. Antes dos dois anos de idade a criança ainda não desenvolveu os recursos (imitação diferida, jogo de faz de conta, imagem, representação verbal, gestual ou gráfica) para compreender e realizar ações no plano simbólico. Ela só pode operar em uma perspectiva sensorial e motora, isto é, apoiada nos recursos provindos da percepção, das sensações e da motricidade. Isso não significa, contudo, que a criança antes dos dois anos prescinda da linguagem e dos aspectos socioculturais. Ela precisa e muito! Mas esses aspectos só podem provir dos adultos que cuidam e dão importância a ela. Precisa porque certas experiências (sorrir, olhar, ouvir, sentir-se acariciada e protegida) a criança pequena não pode receber de si mesma. E recebê-las é crucial para o desenvolvimento de sua inteligência. Por isso, para Piaget, o fator social é um dos aspectos necessários ao desenvolvimento da criança, ainda que não suficiente em si mesmo, pois necessita ser assimilado pela criança, ou seja, convertido em algo que ninguém pode fazer por ela. Aprender e desenvolver-se, neste sentido, são como o respirar ou alimentar-se. Eles requerem a ação insubstituível e ativa do sujeito.*

Essa inteligência sensório-motora progressivamente se associa à linguagem com a conquista da função simbólica do período pré-operatório, quando a crian-

---

* Informação fornecida por Lino de Macedo constante de anotações de aulas ministradas no Curso de Especialização nas Linguagens da Arte, no CEUMA/USP, em 2010/2012.

ça alcança a inteligência representativa. Ela, simultânea e progressivamente, ganha capacidade de objetivar seu conhecimento do mundo em expressão e construção interna e externamente, trabalhando suas coordenações de pensamento e ação e as coordenações próprias aos objetos de conhecimento. Torna-se capaz de simbolizar nos âmbitos de sua memória e imaginação em atos internalizados e de criação em arte. No capítulo "A função simbólica", do livro *A psicologia da criança* (PIAGET; INHELDER, 1994), estão definidas como possibilidades de condutas resultantes da inteligência representativa ou simbólica a imitação diferida, o desenho, o jogo, a evocação verbal e a imagem mental. A linguagem agora expande a possibilidade de socialização porque permite a comunicação e a possibilidade de aprendizagem compartilhada entre as crianças nas atividades artísticas.

No período pré-operatório predomina o pensamento egocêntrico; a criança age centrada nos próprios pontos de vista, não trabalha com duas variáveis ao mesmo tempo, entretanto, no percurso das aprendizagens, preservará seu ponto de vista comparando-o e diferenciando-o ao interagir com o de outros. No período subsequente, o das operações propriamente ditas, concretas e depois nas formais, quando a criança é capaz de ações interiorizadas reversíveis, na ordem lógica já é capaz de conceber sem contradições. Como já é capaz de representar o mundo por intermédio de imagens, pode ir e retornar aos pontos de partida, interiormente, de posse da reversibilidade do pensamento. Em arte, por exemplo, nas criações com a técnica de gravura, que envolve uma matriz e as reproduções ou cópias a partir dela, a criança mostra bem como uma nova competência do pensamento, a reversibilidade, afeta a possibilidade de fatura e criação. Em outras palavras, de posse da reversibilidade do pensamento, o aluno pode compreender porque a imagem da matriz tem a imagem invertida em relação às cópias. Entretanto, do ponto de vista da criação artística, a lógica simbólica é outra, pois a arte "é aquilo que não é, mas pode ser". As faturas artísticas operam com a lógica do "possível" e do "necessário", descrita por Piaget,[*] associada à lógica simbólica.

A aproximação das formas do pensamento adulto no período operatório concreto e, principalmente, no formal, quando o jovem já pode pensar sobre o pensamento poético do outro, sem cometer contradições a partir de suas próprias poéticas, possibilita ao aluno interação, com menor distância, entre suas possibilidades de fatura e a dos artistas. Considerando-se o fato de que maturidade e experiência também imprimem diferenças na criação em arte, a interação do jovem com a obra de um artista maduro demarca níveis a serem

---

[*] Para as concepções de "possível" e "necessário", ver Piaget (1985).

alcançados pelo aluno na capacidade de execução. De qualquer forma, o aluno estará mais avançado do que nos estágios anteriores diante de oportunidades educativas continuadas recebidas desde o período sensório-motor.

Assim, o jovem manifestará desejo, e terá mais condições do que nos períodos anteriores, de saber fazer arte seguindo as convenções do sistema de representação da linguagem do desenho, por exemplo, que observa nos trabalhos de pares, e também de artistas. Tal ideia de aprendizagem em arte/educação é pós-moderna, e eu a defendo. Quando a criança e o jovem dialogam com o pensamento poético do outro, o fazem a partir de suas possibilidades de criação e de seu estágio de desenvolvimento operatório. Uma parte do desenvolvimento ocorre nas interações com as imagens de artistas, com ênfase no âmbito das hipóteses – essas passam a ser concretizadas pelo jovem envolvendo o pensamento artístico existente na cultura à qual o aluno é filiado. Essas hipóteses anteriormente ocorreram por intermédio de interação da criança com os objetos artísticos com tônica nos planos perceptivo e procedimental do aluno. Esses planos iniciados no sensório-motor operam com estruturas do pensamento e seguem nas interações do período operatório ao lado das possibilidades mais avançadas do fazer artístico e do pensar sobre arte.

Piaget foi um autor importante da escola moderna, a Escola Nova, e segue sendo na Escola Construtivista. Ele se opôs ao ensino tradicional, intelectualista, formalista, excessivamente verbal e orientado do professor para o aluno. Nesse sentido, sua adequação e sua contribuição ao pensamento moderno na arte/educação foram reconhecidas e citadas por arte-educadores do período. As pesquisas piagetianas são realizadas por meio do método clínico (Delval, 2002), no qual se planejam situações para a criança agir e pensar, descobrir e resolver problemas sem ser conduzida, para que se possa observar como ela pensa e age, ou seja, como constrói conhecimento na sua perspectiva. Na mesma esteira de pensamento, na escola, para que a criança possa aprender da sua perspectiva, é preciso criar situações específicas nas quais o conhecimento do aluno pode ser promovido, exercido e sua aprendizagem mobilizada de maneira autoral.

ARTE/EDUCAÇÃO NA ESCOLA CONTEMPORÂNEA: SEUS AUTORES

Os educadores, empenhados em uma ação escolar de arte transformadora e de bases artísticas contemporâneas, procuram conduzir os educandos rumo ao **fazer** e ao **entender** as diversas modalidades de arte e a **história cultural** das mesmas. (FERRAZ; FUSARI, 2009, p. 142).

JOHN MATTHEWS

É muito diferenciada a pesquisa de John Matthews (2003), autor pós-moderno da arte/educação, artista e professor de arte junto a crianças, jovens e universitários. O autor ministrou aulas na Inglaterra e em Cingapura, e sua investigação versa sobre desenho e pintura. Matthews é contra identificar o desenho como ação linear que define formas e eventos do meio. Identifica o desenho como uma ação representativa que tem existência própria e possui autonomia em relação à realidade, mesmo quando a ela se refere. Sabe-se que em desenhos e pinturas abstratos, por exemplo, há pouca reprodução do real, mas pode haver remissão a ele. De qualquer modo, o desenho que hoje nos interessa é o que está na superfície. O autor não tem base na teoria dos estágios de Lowenfeld (1961), Luquet (1969), Cižek apud Viola (1944). Como a maioria dos pós-modernistas, critica a abordagem moderna, pois, para ele, pensar por estágios conduz os adultos a exigirem uma escalada ao realismo no desenho da criança. Matthews afirma que mais importante do que os estágios é a passagem feita pela criança de um deles para o outro.

Interessante notar que a crítica do autor em foco não minimiza o valor dos autores modernos, já que a eles se dirige nos agradecimentos do livro *Drawing and Painting: Children and Visual Representation* (MATTHEWS, 2003). Nele, menciona sua dívida com Luquet e Piaget, entre outros autores, que identifica com a escola renovada; depois, agradece o incentivo de autores pós-modernos, entre os quais Brent Wilson e Elliot Eisner, que tratarei adiante.

Não se encontra em nenhum outro autor estrangeiro da arte/educação, como na publicação de Matthews, o trabalho de Ferreiro e Teberosky (1982)* citado na bibliografia. Isso denota que ele acompanhou a concepção de construção da leitura e da escrita a partir de hipóteses das crianças e, por isso, cremos, valoriza a passagem de um estágio ao outro, ou seja, a gênese das construções da arte na infância. Entretanto, ao contrário de Matthews, as autoras usaram e não negaram a teoria piagetiana na contemporaneidade.

Passo a me referir a Luquet, autor francês moderno, que escreveu sobre desenho infantil, muito citado por outros da arte/educação, inclusive no

---

* FERREIRO, E.; TEBEROSKY, A. *Literacy, before schooling.* Oxford: Heinemann Educational, 1982.

Brasil, para localizar em seus textos devires do pensamento de Matthews. Luquet observou alguns atos na fatura do desenho da criança, em seu livro *O desenho infantil* (1969), escrito em 1927, e descreveu constâncias na ação dos desenhistas que nos revelam suas estratégias como fontes de geração da imagem, quais sejam: analogia funcional; analogia morfológica; analogia gráfica; automatismo gráfico; modelo interno; intenção; associação de ideias; interpretação e uso da cor.

Luquet estabeleceu fases do desenho infantil, que acreditava tenderem ao realismo. Nisso residiu o maior valor atribuído ao seu trabalho e também às grandes críticas. Entretanto, não estou totalmente de acordo com essas críticas dos autores pós-modernos, porque as constâncias dos atos desenhistas enunciadas pelo autor, anteriormente citadas, foram menos mencionadas pelos seus críticos do que as fases. Acredito que o achado dessas constâncias por Luquet valida seu trabalho até hoje, independentemente da necessidade de desconstrução da sua teoria das fases do desenho que tende ao realismo – até mesmo essa sua tese é difícil de ser desconstruída pelos autores contemporâneos, que ainda se deparam, entre outros fatos, com o desejo dos adolescentes de realizar tais visualidades na sala de aula.

As constâncias dos atos desenhistas foram descritas por Luquet detalhadamente a partir de sua observação da fatura e da fala da criança durante os momentos em que ela desenhava; ele observou, principalmente, sua filha Simone. Assim como Matthews, o autor acompanhou o processo longitudinal dos filhos. Nesse sentido, Luquet trouxe, de certa forma, atos da gênese do desenho, tão valorizada por Matthews, os quais elucidam como ocorrem as passagens entre as fases, cuja gênese é promovida pelas constâncias encontradas. Entretanto, a gênese foi descrita por Luquet como a construção de um esquema sem interação com a arte; mesmo assim, as transformações vindas das estratégias procedimentais da criança, ao interagir com o próprio desenho, podem ser interpretadas como um embrião, ainda vivo no pensamento contemporâneo nas oficinas de criação artística. Luquet não analisa apenas a imagem desenhada, mas destaca as estratégias e a dinâmica da fala da criança no momento e após a fatura do desenho em processo por ela regulado.

> Um segundo fator da intenção é a associação de ideias. O traço de um desenho, que chamaremos desenho evocativo, é acompanhado da ideia mais ou menos consciente do objeto correspondente; esta evoca por associação de ideias um objeto diferente que se prolonga pela intenção de desenhá-lo. Em várias crianças de diferentes nacionalidades, o primeiro desenho feminino é o da sua mãe

seguido imediatamente do desenho masculino do pai. O primeiro cavalo de uma menina, incrivelmente mal feito, seguido do desenho de um chicote. E a passagem de um ao outro se estabelece pelas declarações da mesma menina: "Isto é um chicote; vou fazer o cavalo" [...]. (LUQUET, 1969, p. 29-30, tradução nossa).

Matthews (1999) diz que a criança bem pequena atribui significado simbólico às manchas que pinta, apoiando-se nos gestos que faz usando tinta no pincel sobre o papel, associando à mancha uma emissão sonora. Assim, uma mancha mais um som de *vrumm* e o movimento do pincel, como o autor exemplifica, passa a ser um carro. Isso está em correspondência à "associação de ideias", nos termos de Luquet, na qual, nesse caso, o desenhista se utiliza de três linguagens diferentes: visual, gestual e sonora. Ele as conecta no âmbito de ações simbólicas – uma abre caminho para a outra. E, mesmo que Luquet tenha se referido a associações visuais, já enunciou a possibilidade do desenho, em seu processo construtivo, de transcender as marcas deixadas no papel por intermédio de associações, que "puxam" outras imagens.

Matthews é arte-educador e artista; prefere relacionar a arte da criança com a arte adulta nos atos de ensino na medida em que observa essa necessidade partindo do aprendiz. Entretanto, ele oferece aos alunos informações sobre linguagem da arte desde os anos iniciais diante das perguntas das crianças. Matthews fez um estudo longitudinal de seus três filhos (Benjamin, Joel e Hanna) e também estudou a produção artística de 40 crianças com as quais trabalhou em um berçário londrino. Na 2ª edição do seu livro *Drawing and Painting: Children and Visual Representation* (MATTHEWS, 2003), acrescentou um trabalho que desenvolveu em Cingapura com crianças (na maioria chinesas, mas havia entre elas malaias e indianas), o que certamente lhe proporcionou uma visão transcultural da arte infantil.

Os aspectos inovadores da pesquisa de Matthews provêm do fato de ter gravado com três câmeras as crianças em ação, desde os primeiros dias de vida. Cada uma voltada para a observação de um aspecto: a primeira orientada ao contexto (ambiente interpessoal, a criança em suas interações com pais, irmãos e professores), a segunda, aos objetos, meios e suportes com os quais a criança interage, e a terceira, aos trabalhos ou processos das ações da criança.

A tese mais importante do autor, do meu ponto de vista, é o fato de situar o desenho como parte de um conjunto de interações expressivas que se passam ainda no berço, por intermédio de relações com cuidadores e com o meio. Descreve três movimentos (Figs. 3.1, 3.2 e 3.3) presentes nas ações do bebê interagindo com pessoas e objetos e os concebe como gestos básicos que

ARTE/EDUCAÇÃO MODERNISTA E PÓS-MODERNISTA

3.1 **Arco horizontal.**
Fonte: Matthews (2004, p. 49).

3.2 **Arco vertical.**
Fonte: Matthews (2004, p. 49).

3.3 **Empurra e puxa.**
Fonte: Matthews (2004, p. 49).

permanecerão como marcas em suas manifestações artísticas posteriores: o arco horizontal, o arco vertical e o empurrar e puxar feitos com o braço no ar.

Portanto, posteriormente, segurando uma mamadeira que respinga leite no chão ou uma caneta que desenha no papel, esses movimentos da criança permanecerão. Para Matthews, as marcas na superfície e o movimento são igualmente importantes e estão associados, porque a criança larga uma caneta que não desenha, como diz no livro.

A análise de marcas básicas deixadas por gestos já foi enunciada no modernismo por Rhoda Kellogg (1969), apesar de terem sido observadas no desenho em papel e não desde o berço. Há diferença quantitativa entre as três marcas descritas por Matthews e os 20 rabiscos básicos ao lado dos 17 modelos de implantação (Fig. 3.4) das manchas e formas desenhadas no papel, enunciadas por Kellogg. A autora norte-americana, que não propõe a interação da criança com a arte adulta, pensa que os desenhos se empobrecem a partir dos 7 anos por motivos semelhantes aos descritos por Lowenfeld (1961) e Florence de Mèredieu (1979). Kellogg desenvolveu o cerne de sua pesquisa no livro *Analysing Children's Art* (1969), com base na teoria da Gestalt. Por isso, afirma que a criança desenha, "vê e crê" no seu desenho e, a partir do que observa, segue desenvolvendo-o.

Ela estudou crianças de 2 a 6 anos. Sua pesquisa tratou da arte infantil a partir da observação de um milhão de desenhos feitos por crianças pequenas, que coletou por mais de vinte anos em diversos lugares do mundo.

Kellogg observou desenhos de crianças analisando os produtos. Sua metodologia não foi longitudinal, não dialogou com a criança – simplesmente analisou e classificou os resultados dos desenhos. Entre os rabiscos básicos que encontrou, não sabe quais acontecem primeiro; afirma que podem ser feitos aos 2 anos e que, logo, linhas curvas e retas são empregadas com fins artísticos. Para ela, adultos e crianças usam a linha simples para delinear formas; as linhas múltiplas, para criar cor, no caso das crianças, e sombras, no dos adultos. Portanto, tem-se em Kellogg, enunciado no seu texto modernista, o embrião do pensamento contemporâneo de Matthews, que a cita na bibliografia.

O interessante das ideias de Matthews, como visto, é sua concepção da arte da criança em termos contemporâneos: não como representação do real, mas a fatura como uma experiência em si, que constrói uma realidade na própria superfície do suporte. Para ele, o trabalho artístico da criança não se refere a uma realidade fixa. Nomeia como ações/representações os gestos presentes antes da simbolização, como vimos no exemplo do carro/mancha em movimento, desenhado por seu filho Ben. O autor narrou a brincadeira do menino, que ao inscrever a mancha no papel afirmou que o carro estava virando a esquina, ao mesmo tempo em que traçava as trilhas do pincel e fazia os movimentos

ARTE/EDUCAÇÃO MODERNISTA E PÓS-MODERNISTA

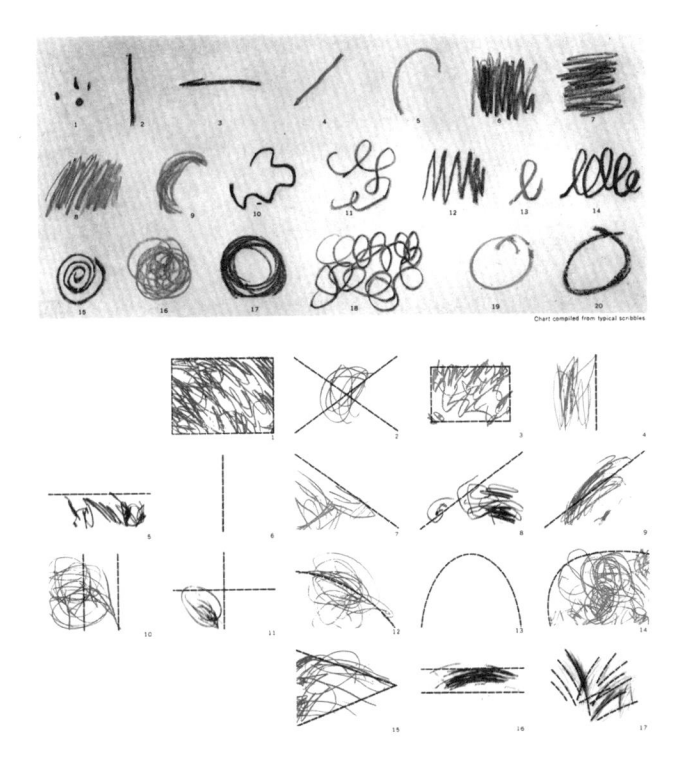

3.4 Rabiscos básicos e modelos de implantação.
Fonte: Kellogg (1969, p. 15).

do braço. Essa combinação de canais comunicativos e sensoriais, segundo Matthews, nos impede de saber se a ação/representação está na mancha, no movimento do pincel ou no braço. Ben transporta suas experiências com seus carrinhos nesse ato, mas cria uma nova realidade para elas em sua brincadeira; ou seja, refere-se a uma vivência anterior, mas não a copia ou representa, pois agora se trata de uma nova experiência. Para ele, a dificuldade das crianças nesse tipo de experiência é coordenar a compreensão de forma, localização e movimento juntos.

Outro conceito importante que o autor nos traz é o de "sistema atrator", que define modos de organização ou representação visual, de movimentos e sensações em torno de uma palavra. O nome das formas "redondas", por exemplo, gera um sistema.

Na *performance* da Figura 3.5, além do "sistema atrator" de formas "redondas", a criança criou a partir de uma proposta do professor, que, por sua vez, conhece tal modalidade da produção artística contemporânea, portanto, pode inseri-la no planejamento.

Matthews também acredita que os trabalhos artísticos das crianças não são espontâneos e que elas muito precocemente se alimentam das imagens que observam. Entretanto, é porque perguntam sobre esse sistema aos adultos e são informadas sobre ele que as crianças avançam quando têm competência para tal. O autor esclarece essa ideia com um exemplo no qual comenta que seu filho Ben, em idade precoce, perguntou-lhe por que a imagem de um personagem se repete em uma história em quadrinhos. Em vez de devolver a pergunta, como fariam os modernistas com crianças dessa faixa etária, o autor tenta explicar, na medida da compreensão da criança, como se estrutura a linguagem das HQ.

Matthews faz com os pequenos o que Lowenfeld só fez com adolescentes: apresenta conteúdos diante de solicitações do aprendiz. Portanto, a diferença é que Matthews não evita mediar informações do sistema da arte, mesmo na educação infantil. Ele considera que desde o berço é fundamental a interação com as pessoas do entorno para o desenvolvimento dos gestos que darão base à arte infantil. Para Matthews, a interação com os trabalhos dos artistas, me-

3.5 *Performance*, menina de 5 anos.

ARTE/EDUCAÇÃO MODERNISTA E PÓS-MODERNISTA

diada por adultos, promove a produção artística da criança que encontrará na arte alimento para seus próprios modos de fazer.

> Desde o primeiro ano de idade Ben gosta de olhar imagens de histórias. Até os dois anos e meio de idade, ele está claramente tentando entender as convenções das imagens feitas de modo sequencial. Ele faz perguntas como "Por que tem mais de um Rupert?". Eu explico que, na realidade, há apenas um Rupert, mas que a primeira imagem mostra Rupert saindo da casa da sua mãe e de seu pai e que a próxima imagem o mostra, um pouco mais tarde, em outro lugar no qual chegou.
>
> [...]
>
> Esse diálogo o ajuda a falar de seus próprios jeitos de desenhar. Ajuda-o a adquirir mais controle e liberdade no seu desenho, porque foi ajudado a pensar sobre como seus desenhos funcionam. A natureza revelada do desenvolvimento do desenho da criança, como autogerada, requer uma interação especial com outras pessoas e também provisão de materiais se objetiva-se que ele floresça. Essa interação com outras pessoas inclui imagens feitas por outros artistas, que o ajudam a desenvolver suas próprias técnicas de desenho e pintura. (MATTHEWS, 2003, p. 132, tradução nossa).

Por outro lado, o autor valoriza que nas escolas haja tempo de permanência em atividades artísticas sem comandos e despreza a inclusão de obras de arte no currículo como bons modelos com os quais a criança vai competir tentando alcançar. Como vimos, o autor privilegia os modos pessoais de o aluno solicitar o conhecimento sobre arte a partir de seus atos de fruição. Matthews rejeita os modelos clássicos da aprendizagem e também as releituras. Ele preserva a expressão livre, porém, esta deve ser acompanhada por professores de arte que criem uma interação entre o que a criança faz e as imagens da arte presentes no meio. Assim, os momentos livres sugeridos têm traços do ateliê livre das propostas modernistas, exceção feita à informação do universo da arte, que entrará nas produções por demanda das crianças e dos jovens aos seus professores.

Nosso autor escreve claramente que está de acordo com Brent Wilson: "As crianças analisam visualmente e usam imagens encontradas no meio pictórico (Wilson, 2000),* mas isso não é compreendido ou reconhecido pela maioria dos especialistas" (MATTHEWS, 2003, p. 162, tradução nossa).

Matthews acredita que as transformações progressivas no desenho não podem ser explicadas apenas por habilidades motoras, pois elas se dão por assimilação pela criança de novos esquemas para desenhar, que funcionam no plano conceitual, imaginativo e intelectual. Para ele, a criança é quem constrói seu sistema de desenho, mas sabe que os adultos podem levá-la a identificar nexos entre seu sistema e o dos artistas. Aqui, encontramos a identificação entre o autor e a pesquisa de Ferreiro e Teberosky (1982), por ele citada na bibliografia.

Sem dúvida, Matthews é um autor que faz parte das propostas da arte/educação contemporânea, na sua luta contra um currículo inglês que ensina os elementos básicos da linguagem e fornece imagens para os alunos efetivarem exercícios. Para ele, isso representa um sistema de controle do governo, porque não se permite aos alunos o tempo de desenvolvimento espontâneo de sua arte sem atividades orientadas. Valoriza, sobremaneira, o percurso de criação individual de cada aluno. Quando escreve sobre os melhores caminhos para dar suporte e encorajar o desenvolvimento, verificamos com clareza uma base modernista no seu pensamento, pois o autor fala em recuperar a arte espontânea da criança, com a ressalva de que, desde pequenos, os desenhistas se alimentam das imagens do entorno. É interessante notar que o autor não usa a palavra aprendizagem, e sim desenvolvimento, como os autores modernistas.

> Aliás, é muito importante reavaliar a arte espontânea das crianças e atividades não supervisionadas; estas são subvalorizadas, se não reprimidas, no currículo da escola contemporânea, por razões de controle social. A criança cria arte de um *background* de outras ações já descobertas e exercitadas. Fora do caos aparente das ações da criança, elas articulam uma linguagem gestual da qual a simbolização será construída. Sem essa linguagem colocada, nada mais poderá ser aprendido. (MATTHEWS, 2003, p. 36, tradução nossa).

---

* WILSON, Brent. Keynote paper, 2000 Asia-Pacific Art Education Conference, Regional Experiences and Prospects in the new Century, Hong Kong Institute of Education, Hong Kong, 28-31.December. Assim citado na bibliografia de Matthews.

Alinhado a muitos arte-educadores contemporâneos, Matthews pensa que o trabalho dos artistas só deve ser evocado pela própria criança. O adulto oferece respostas a perguntas e solicitações, portanto, é a partir do trabalho espontâneo, como ele mesmo nomeia, que se dá a assimilação de conteúdos da arte. Nesse aspecto, tenho uma discordância com nosso autor, que conhece o trabalho de Wilson, Wilson e Hurwitz (2004). Para o construtivismo, a interação da criança com a linguagem artística não suprime o papel do professor como promotor intencional de propostas de aprendizagem, nas quais apresenta obras da história da arte que não partem de solicitações dos alunos, por serem objetos de conhecimento da área ou componente (BRASIL, 1998a, 1998b, 2000). Creio que em Matthews transparece um medo de ensinar, intervir e levar conteúdo da arte para a sala de aula com base na observação da gênese das aprendizagens artísticas que tanto valoriza. Seus textos não falam sobre aprendizagem compartilhada e interação entre crianças que desenham juntas de 0 a 7 anos. Isso também denota um viés modernista em seu trabalho. É difícil alcançar a proposição construtivista contemporânea e manter o foco na perspectiva da criança, colocando-a em contato com a arte como área de conhecimento do currículo com conteúdos próprios e ensino planejado que promove aprendizagens a partir da arte, preservando a autoria do percurso criador do aluno e também respondendo às suas demandas como o faz Matthews.

Matthews (2004), como artista, pensador e professor da arte/educação contemporânea, define e segue a concepção de arte como ação de construção de realidades *versus* seu espelhamento. Essa base do "criar mundos" está em Goodman – que foi professor de Matthews e grande referência em sua formação – e é citada por Wilson, Wilson e Hurwitz (2004). Matthews assim se expressa ao falar do desenho da criança:

> Para a criança, a realidade toma forma na superfície do desenho e nas demais formas de ação representacional e expressiva que realiza. Neste capítulo, seguiremos examinando o desenvolvimento da arte das crianças, mas não o comparando com alguma visão de realidade supostamente "verdadeira" que, de alguma maneira, existe de um modo absoluto e independente de qualquer forma de representação humana, mas, sim, como uma construção da realidade que surge na própria superfície do desenho. (MATTHEWS, 2004, p. 174, tradução nossa).

A arte moderna quis se afastar dos cânones da arte acadêmica, assim como a escola moderna o fez com a escola tradicional. No moderno, a criatividade passa a ser compreendida como algo interior ao artista, que se concretiza em trabalhos, que revelam um indivíduo singular nas formas do conteúdo e da expressão. O mesmo foi pensado para os trabalhos infantis da orientação modernista. Assim sendo, no caso de Matthews, como vimos, sua visão contemporânea de arte/educação inovou, mas preservou certa continuidade da modernista.

ANA MAE BARBOSA: PROPOSTA TRIANGULAR

Nos anos 1980 na Inglaterra, assim como nos Estados Unidos, explicitaram-se as bases das propostas pós-modernistas do ensino de arte com projetos e publicações como o *The Critical Studies in Art Education* (CSAE), inglês, e o *Discipline Based Art Education* (DBAE), norte-americano. No Brasil, a Proposta Triangular, criada pela profa. Ana Mae Barbosa, associou o DBAE, o CSAE e as *Escuelas al Aire Libre*, mexicanas, segundo a própria autora.

A Proposta Triangular surgiu nos anos 1980 e foi sistematizada entre 1987 e 1993, período em que a profa. Ana Mae dirigiu o Museu de Arte Contemporânea da Universidade de São Paulo. A proposta, inicialmente nomeada Metodologia Triangular, indicava a necessidade de mudança no ensino de arte modernista. Suas concepções foram assentes no 3º Simpósio Internacional "O Ensino da Arte e sua História", em agosto de 1989, promovido pelo MAC/USP. Passo a discorrer sobre as bases da Proposta Triangular para que se possa compreendê-la.

CRITICAL STUDIES IN ART EDUCATION PROJECT

O *Critical Studies in Art Education Project* (CSAE) ocorreu na Inglaterra de 1981 até 1984 como contraposição à livre expressão. Rod Taylor (c1986) escreveu sobre a proposta.

O projeto tinha seis objetivos claros:

> 1. Complementar o ensino com aspectos contemplativos e reflexivos da arte, promovendo maior consciência crítica dos alunos. 2. Desenvolver e expandir oportunidades de contato dos alunos com obras de arte e artefatos originais. 3. Desenvolver vínculos estreitos entre escolas, museus e galerias, habilitando os alunos a terem benefícios do contato direto com a arte e com os

artefatos. 4. Explorar métodos e abordagens para habilitar alunos a desenvolver vocabulário crítico, para expressar adequadamente ideias e *insights* que refletem consciência crescente do próprio trabalho e das questões estabelecidas por artistas e *designers*.
5. Para determinar os recursos básicos, um departamento de arte precisa fazer seleção crítica de: livros, *slides*, filmes, etc., e de trabalhos originais de arte. 6. Para ajudar as escolas a desenvolverem o item 5 com as centrais administrativas disponíveis dos recursos da arte/educação, em âmbito nacional, regional, LEA ou baseadas em galerias, com serviços de empréstimo de museus a escolas, empréstimo de coleções de pintura, empréstimo de livros, *slides*, filmes, esquemas de artistas na escola, etc. (TAYLOR, c1986, p. XI-XII, tradução nossa).

No CSAE, acreditava-se que o fazer e o apreciar arte eram complementares e que, na aproximação com o trabalho dos artistas, o aluno aprendia a dar forma à própria criação. A história da arte era uma disciplina fundamental, não em termos tradicionais do seu ensino, mas de envolvimento de professores e alunos como estudantes das obras de arte.

A ênfase dada ao contato com obras originais no CSAE teve base nos textos de David Hargreaves, conceituado teórico inglês na área da educação. Em uma de suas pesquisas, ele entrevistou jovens entre 14 e 18 anos para verificar, nos relatos autobiográficos solicitados, aspectos de sua interação com obras de arte com as quais eles tinham empatia e se identificavam. Segundo Taylor (c1986), para Hargreaves os currículos ingleses escalonavam dificuldades técnicas ao longo da escolaridade, e isso afastava o aluno da experiência estética que, para ocorrer, ele sublinha, há necessidade de quatro elementos:

[...]

O primeiro é uma forte concentração e atenção. O indivíduo se torna totalmente tomado e absorvido pelo objeto artístico.

[...]

O segundo elemento é um senso de revelação. A pessoa tem um senso de uma nova e importante realidade sendo aberta, de entrada em um novo plano de existência que parece real. Um sentido em contraste com a vida cotidiana do dia a dia ganha destaque e é acompanhado de uma profunda perturbação emocional.

[...]

O terceiro elemento é a falta de articulação. Os indivíduos se sentem incapazes de expressar em palavras o que aconteceu, tanto para si mesmos quanto para os outros.

[...]

O quarto elemento é o despertar do apetite. O indivíduo simplesmente quer que a experiência continue ou seja repetida.
E isso pode ser sentido com urgência considerável. (HARGREAVES* apud TAYLOR, c1986, p. 22-23, tradução nossa).

Em resumo, Hargreaves observa nesses quatro elementos aquilo que ele nomeia de *conversive trauma*, definido como os momentos iniciatórios de envolvimento com obras de arte que levam ao despertar do apetite estético. Para o autor, tais elementos são motivadores e promovem o comprometimento, a experimentação, a busca de aprofundamento nos conhecimentos e o discernimento e, ainda, intensificam a relação com o entorno ambiental, o que constrói uma ponte entre o fazer e o estudar arte.

Essa relação intensa com o entorno ambiental e a responsabilidade por ele é tematizada nos textos modernos de Lowenfeld. Ele crê que a própria livre expressão leva a isso, porque, se praticada, o aluno mantém uma interação sensível, perceptiva e inteligente com suas experiências e com o meio, o que o leva a se desenvolver como indivíduo e a respeitar as necessidades dos demais. Como artista que foi, Lowenfeld sabia que essa experiência provinha da arte. Mas, de alguma forma, temos no CSAE indícios de que proposições como essa, nascidas no moderno, seguem em suas propostas contemporâneas.

Para Hargreaves, existem dois tipos de professor: um que leva à *experiência conversiva* com a arte, e outro, que leva à *aversiva*, por equivocar-se nos modos de ensino. Sobre isso, afirma que a maioria dos professores se encontra

---

* HARGREAVES, David. *The teaching of art and the art of teaching*: towards an alternative view of aesthetic learning, curriculum practice: some sociological case studies (Ed. Martyn Hammersley and Andy Hargreaves). Falmers Press, 1983.

entre esses dois extremos. As críticas feitas à possibilidade de os adultos bloquearem o gosto e a expressão artística da criança e a crítica ao currículo oficial (também feitas por Lowenfeld e Brittain no período moderno, em 1977) foram uma marca dos autores do CSAE. Suas proposições estão descritas em paradigmas não modernistas, entretanto, as ideias da arte/educação moderna permanecem, parcialmente, nesse projeto.

Lowenfeld abominava o modelo acadêmico de ensino para as crianças, que as afastava do gosto por fazer arte, porque nele os elementos da linguagem e as formas eram separados na resolução da expressão.

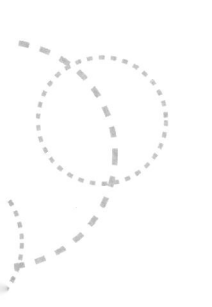

> A forma e a expressão andam juntas e jamais se pode separá-las sem prejuízo de ambas.
>
> [...]
>
> O estudo acadêmico dos detalhes é completamente supérfluo dentro de um plano moderno de educação artística. A necessidade de estudar os detalhes se desenvolve a partir da necessidade individual de se expressar, mas essa necessidade é muito variada e individualizada e altamente subjetiva. (LOWENFELD, 1961, p. 320, tradução nossa).

O que situa o *Critical Studies* como proposta contemporânea é a forte associação entre atividade crítica, análise formal e história da arte, mediante uma grande exposição do aluno a obras originais, articuladas ao fazer criador. Na proposta, preconiza-se que no trabalho com crianças bem pequenas deve-se valorizar a contação de histórias, principalmente as criadas pelos pequenos nos momentos de fruição. Compreendemos que a postura de contador de histórias sobre imagens da arte corresponde à possibilidade de leitura da obra pela criança em foco, como afirma Housen (2011) adiante, nas suas propostas construtivistas de leitura de imagem. Sabemos que a mesma forma de leitura pode ocorrer com um adulto principiante em fruição de imagens artísticas.

Para a concepção do CSAE, os professores de arte precisam conhecer palavras (conceitos) ligadas ao universo da arte e que podem ser aprendidas na escola. Assim sendo, o *Critical Studies* é ligado à história da arte e a formas de fruição que promovem a consciência, a compreensão e o desfrute das artes visuais. Além disso, os alunos podem experienciar, exercitar e se desenvolver no seu fazer artístico. A proposta trata, sobretudo, de vincular a produção social e histórica da arte ao currículo escolar, para que o aluno possa participar das atividades da área – sem aversão, como se afirma no projeto, mas com muito gosto e interesse.

ESCUELAS AL AIRE LIBRE

A profa. Ana Mae Barbosa, em seu livro *A imagem no ensino da arte* (1991), selou a Proposta Triangular trazendo uma explicação de sua origem no DBAE (norte-americano), no *Critical Studies* (inglês) e nas *Escuelas al Aire Libre* (mexicanas), a terceira base de sua abordagem

> Nos anos sessenta, Richard Hamilton, com a ajuda de artistas professores como Richard Smith, Joe Tilson e Eduardo Paolozzi, em *Newcastle University*, lançava as bases teórico práticas do que hoje os americanos denominam DBAE, isto é, Discipline Based Art Education, a bandeira educacional do competente trabalho desenvolvido pelo Getty Center of Education in the Arts. Precursor do DBAE foi também o trabalho desenvolvido nas "*Escuelas al Aire Libre*", no México, depois da revolução de 1910. Aquelas escolas seguiam a orientação de Best Maugard que pretendia, através do ensino da arte, levar a uma leitura dos padrões estéticos da arte mexicana que aliada à história destes padrões e ao fazer artístico recuperariam a consciência cultural e política do povo. Buscava-se, com o desenvolvimento do fazer artístico, a leitura da arte nacional e sua história, a solidificação da consciência da cidadania do povo. Enfim, as *Escuelas al Aire Libre* geraram o movimento muralista mexicano e podemos considerá-las, portanto, o movimento de arte/educação mais bem-sucedido da América Latina. (BARBOSA, 1991, p. 36).

Em depoimento dado ao projeto Percursos da Arte na Educação (2014), Barbosa nos informou que as *Escuelas al Aire Libre* foram criadas no México depois da revolução política de 1910 no país. Atribuiu a Best Mougard (1891-1964) a implementação das escolas a partir de estudo da expressão indígena, pouco valorizada até então, da qual abstraiu uma gramática visual com seis elementos básicos, que propunha aos alunos usarem em seus trabalhos de criação. Também eram propostas atividades de desenho de observação do entorno, para valorizar esse ambiente de origem. Todas as propostas, segundo a professora, visavam à valorização da cultura autóctone.

Ana Mae afirmou, no depoimento em pauta, que a influência da proposta recaiu sobre a Proposta Triangular como abertura à contextualização, valorização da cultura de origem, reiterando o fato de que nós brasileiros trazemos uma mistura de africanos, indígenas e europeus. Assim sendo, pensou em voltar o ensino da arte para esse contexto de interculturalidade que nos é próprio.

DISCIPLINE-BASED ART EDUCATION (DBAE)

O DBAE foi um projeto patrocinado pela J. Paul Getty Trust, na qual operava *The Getty Center for Education in the Arts* durante os anos 1980 e 1990, segundo Ralpf A. Smith (1999, p. 1, tradução nossa) da University of Illinois.

> A ideia da *Disciplined-Based Art Education* (ensino da arte baseado nas disciplinas), que estava associada com a Getty Center for Education in the Arts (depois renomeado Getty Education Institute for the Arts) durante os anos 1980 e 1990, pode ser compreendida como uma grande contribuição de autores no campo da arte/educação, desde a metade de século XX, para a reformulação dos objetivos e o ensino de arte nas escolas. A iniciativa da Getty, em outras palavras, não era nova ou revolucionária; ela tomou suas diretrizes de ideias existentes no campo que sustenta que o ensino da arte nas escolas deveria ser mais substantivo e exigente. Reconhecendo o erro do passado para reformar a arte/educação, tentando ignorar este campo, os formuladores de políticas da Getty tiveram a sabedoria de envolvê-lo de modo significativo. Foi percebido que o campo estava se movendo na direção de aumentar o conteúdo intelectual de aprendizagem estética por engendrar nos jovens um senso de arte bem desenvolvido, que é pré-condição para os compromissos inteligentes e sensíveis com obras de arte e outras coisas de um ponto de vista estético.[*]

---

[*] Excerto de: SMITH, Ralph A. *The DBAE Literature Project*. Chicago: University of Illinois at Urbana-Champaign, 1989, p. 1, tradução nossa.

Compreender a origem do DBAE nos ajuda a situar a passagem da arte/educação moderna à contemporânea, tendo em vista que a proposta sucedeu ao trabalho de Lowenfeld, que também se desenvolveu nos Estados Unidos. Segundo Smith (1989), o DBAE tem origem em autores dos anos 1960 que desconstruíram o pensamento das duas décadas anteriores. Esse período, sabemos, coincide com o do trabalho de Lowenfeld, que começou a ser criticado por sua abordagem eminentemente psicológica, que preconizava o desenvolvimento da criatividade no ensino da arte em detrimento de conteúdos. A publicação editada por Smith em 1989 é composta por textos patrocinados pela J. Paul Getty Trust, inicialmente publicados em 1987 no *The Journal of Aesthetic Education*, v. 21, n. 2 (1987). Ele cita a forte influência de autores das duas décadas* anteriores ao DBAE na elaboração da sua proposta. Refere-se também a antecedentes estéticos em John Dewey (1934), Susanne Langer (1960) e Nelson Goodman (1976, 1995).

Entre os autores importantes que colaboraram com o DBAE e foram muito lidos à época no Brasil estão, entre outros, Elliot Eisner, Gaeme Chalmers, Brent Wilson, Marjorie Wilson, Michael Parsons, Arthur Efland e Sigmund Feldman.

David Henry Feldman (1989) é responsável por um capítulo importante do livro de Smith (1989), que interessa sobremaneira aos propósitos de nosso trabalho, *Developmental Psychology and Art Education: Two Fields at the Crossroads*. Nele, o autor trata da reconceitualização da teoria piagetiana da arte/educação moderna à contemporânea. Afirma que Piaget e Freud dominaram a escola moderna, renovada, e que essas teorias tiveram outras ênfases em 1980 em relação ao desenvolvimento cognitivo. Fala de um pensamento neopiagetiano e pós-piagetiano. Considera o desenvolvimento cognitivo importante no DBAE, mas não do ponto de vista de um desenvolvimento natural e universal, advindo das ideias de Rousseau, ao qual ele filia Piaget e Lowenfeld.

David Henry Feldman afirma que o desenvolvimento não é natural, mas que a natureza da inteligência ao longo da vida escolar precisa ser respeitada na educação. Para ele, não é a mesma coisa educar crianças de diferentes idades e, acredita, o ambiente tem contribuições tanto no desenvolvimento natural como no que ele chama de não natural. Situa a necessidade de construção de conhecimento pela criança em arte e a sua ordenação em níveis cada vez mais complexos em estruturas de domínio, assimiladas na interação que se dá de modo sistemático com os conhecimentos ordenados na escola, relacionados às habilidades que a criança tem e às que pode assimilar.

---

* Alguns entre os autores citados são: Barkan; Kaufman; Logan dos anos 1960 e Jerome Bruner e Arthur Efland dos 1970.

ARTE/EDUCAÇÃO MODERNISTA E PÓS-MODERNISTA

Portanto, desde os anos 1960 surgem teorias reiterando a instrução e a aprendizagem em arte, abalando o paradigma modernista da arte/educação. O crescimento cognitivo como abordagem psicológica e epistemológica foi um argumento forte das novas ideias, apontando contradições nas práticas da livre expressão. O mesmo ocorreu com a leitura da obra de Piaget para a tendência construtivista contemporânea, ou seja, pós-modernista da arte/educação. Entretanto, não estou de acordo com a ideia de que Piaget se filia apenas aos modernos: suas investigações respondem à pergunta de como se passa de um nível de menos conhecimento para outro mais complexo de saber que é central no construtivismo, termo cunhado nos anos 1960 em relação direta com a epistemologia genética, então já existente.

Progressivamente, criam-se as condições teóricas para a emergência do DBAE, baseado em quatro disciplinas da arte: produção, história, crítica e estética. Elas são áreas de estudo e considera-se

> [...] a produção de arte como "expressão criativa", a história da arte como "herança cultural", a crítica de arte entendida por "percepção e resposta", e a estética tal qual "falar sobre arte". O ponto não é a nomenclatura, mas o reconhecimento de que todas essas áreas de estudo são necessárias para uma experiência plena e completa de arte/educação. (DOBBS, 1992, p. 22, tradução nossa).

A melhoria do currículo norte-americano na proposição do DBAE decorria: das propostas do fazer estarem associadas ao aprender sobre arte com tarefas escritas; de se pensar em currículo sequenciado com ganho de complexidade e balanceado entre conhecimentos, habilidades técnicas e investigação dos alunos nas quatro disciplinas do projeto; do estudo de obras de artista de diversas culturas para compreender a arte; considerando o contexto singular de cada sala de aula e os modos de aprendizagem e desenvolvimento em arte (DOBBS, 1992).

No projeto, sugeriam-se modos de avaliação em arte como o portfólio diversificado com trabalhos, diários escritos e projetos de pesquisa dos alunos. Indicava-se que não se avaliasse apenas o fazer.

A ida aos museus como parte da programação era agora diferente das antigas idas da escola tradicional, em que o professor falava e o aluno escutava, e a arte no currículo tinha objetivos de formação moral, e não artística e estética.

Conhecer os artistas, ver como trabalham, observar suas obras é outro passo para aprender a pensar e apreciar arte. A observação atenta do trabalho artístico e sua inserção na sociedade, a sua identificação, a percepção da linguagem e dos significados que contém, são conhecimentos específicos do campo artístico e que aprimoram tanto o processo de produção como a percepção estética. (FERRAZ; FUSARI, 2009, p. 29).

A nova orientação promoveu teorias de leitura de imagem e o desenvolvimento da percepção estética da criança. No modernismo, a percepção era importante em relação ao meio e ao trabalho artístico da própria criança. As teorias pós-modernas sobre desenvolvimento da criança na leitura de imagem foram aplicadas em museus e em escolas construtivistas brasileiras. Inicialmente, o MAC/USP e o Museu Lasar Segall foram as instituições que abraçaram essas proposições. Nas duas últimas décadas do século XX, teóricos norte-americanos, canadenses e ingleses, em sua maioria, estiveram nesses dois museus para ministrar cursos e palestras trazendo suas abordagens de leitura da imagem, que consideravam a interação com as obras de arte. A ideia central era a de formar um público protagonista diante das imagens (reproduções nas escolas e originais nos museus). A mediação do professor de arte e do educador de museu se guiava pelo conhecimento da gênese da compreensão estética, construída pelas teorias que sistematizaram os níveis de desenvolvimento da leitura da imagem, como vimos anteriormente quando escrevemos sobre Lowenfeld e Piaget.

Entre os teóricos de leitura de imagem, destaco o trabalho de pesquisa de Abigail Housen (1983), com o qual trabalhei em sala de aula. A autora é construtivista em sua investigação e propõe a leitura de imagens diante dos públicos de todas as idades.

Abigail Housen (2011), destacada pesquisadora americana, tem uma proposição construtivista em suas investigações sobre o desenvolvimento estético, o que significa que considera a fala do aluno diante da imagem como a resposta possível que expressa seu alcance de compreensão. Housen considera, ainda, que perguntas adequadas a cada etapa do desenvolvimento estético mobilizam o aluno a elaborar significados sobre arte.

Na perspectiva da investigação feita pela autora, a pergunta não pode ser aplicada mecanicamente, mas gerada pelas ideias verbalizadas do espectador frente às obras e em sua presença.

Se isto serve à pesquisa que estruturou níveis de compreensão estética a cada momento desse desenvolvimento do visitante, desde a infância até a idade adulta, seu uso nas situações de ensino percorre procedimentos didáticos que observam cada nível, porque, conhecendo os modos de o aluno atribuir significados frente a imagens, o educador pode expandir as possibilidades de intelecção e fruição das obras de um contexto e também da arte como produção humana situada social e historicamente e, sobretudo, na vida do aluno. (IAVELBERG, 2013, p. 205).

No trabalho de Housen (2011), podemos conceber relações entre a gênese das aprendizagens e a estrutura cognitiva, sem alinhar uma à outra. Ela trabalhou com conceitos da arte presentes nas imagens (abstração, equilíbrio, movimento, figuração, etc.), ou seja, com conteúdos da arte como objeto de aprendizagem. Conclui-se, a partir da leitura de sua pesquisa, que um adulto pode se encontrar no mesmo nível de desenvolvimento estético que uma criança se lhe faltarem oportunidades educativas em relação à leitura de imagens da arte. Assim, Housen não acredita no desenvolvimento espontâneo e observa a gênese da compreensão estética nos paradigmas da escola construtivista, que relaciona o desenvolvimento com a aprendizagem e, portanto, ele também depende de educação e interação com objetos de conhecimento.

[...] é um pressuposto meu que uma abordagem construtivista e de desenvolvimento é o melhor guia para a apreciação estética. Basicamente, esta premissa postula que o ensino adequado implica mais do que transmitir informação pré-digerida que não é relevante para o aluno. A aprendizagem do aluno ocorre quando o discípulo faz ativamente novas construções, elaborando novos tipos de significado em novos moldes. (HOUSEN, 2011, p. 151-152).

No trecho, reconhecemos em Housen uma abordagem contemporânea que dialoga com a arte/educação modernista.

[...] avaliar a aprendizagem da produção artística até a arte moderna implica em saber diagnosticar como cada sujeito se manifesta no processo em cada estágio da compreensão estética.

Como a arte contemporânea comporta múltiplas formas de produção – desde pinturas figurativas até uma gama variada de manifestações que mais se assemelham aos objetos do cotidiano – os critérios de mensuração da aprendizagem devem ser adaptados à gênese do conhecimento frente a cada obra. (IAVELBERG; GRINSPUM, 2014, p. 280).

O texto citado nos alerta que as teorias sobre compreensão estética, como as que vimos neste trabalho, pertencem à arte/educação pós-modernista em termos didáticos, mas não dão conta ou explicitam como ler algumas obras de arte da contemporaneidade de faturas diversificadas. Nessas obras, as relações formais não são tão claras, como em instalações, *performances*, videoarte, *flashmobs*, entre outras obras.

Serão apresentadas as bases da Proposta Triangular, pois julgo serem necessárias para compreendê-la, tendo em vista que ela foi um marco pós-moderno que antecedeu os PCNs, documentos pós-modernos que se diferenciaram das proposições de Barbosa. O viés político e militante pela causa da arte/educação sempre marcou o pensamento de Ana Mae Barbosa, atuante junto a um grupo de seguidores na liderança de organizações representativas dos arte-educadores no país e por vezes em outros países. A autora manteve-se crítica e participativa em relação às políticas públicas, com interlocução especialmente latino-americana, mas também internacional, e com forte identificação com o trabalho de John Dewey e de Paulo Freire.

BRENT E MARJORIE WILSON E AL HURWITZ

Se os artistas exploram o mundo da experiência cotidiana, isto é algo que aprendemos com Andrew Wyeth e Edward Hopper, exemplos que podem ser muito valiosos para que os jovens incorporem seus próprios mundos de experiências nos desenhos. Mas pensemos também em outros mundos a explorar: os mundos surrealistas de Ernst, Dalí ou Miró, os mundos emocionais de Munch e Kolwitz, os mundos políticos de Davi e Goya, os mundos pessoais de Rembrant e Albright. A lista parece infinita. (WILSON; WILSON; HURWITZ, 2004, p. 19).

Brent Wilson é um teórico importante na mudança de concepção didática em arte da escola renovada à contemporânea. Brent e Marjorie Wilson escreveram com Al Hurwitz o livro *La enseñanza del dibujo a partir del arte* (2004); o original em inglês, *Teaching Drawing From Art*, foi publicado em 1987. Nesse texto, existe um grande fluxo de inclusão do moderno no contemporâneo. Os autores valorizam a capacidade humana de realizar formulações simbólicas, pois, por meio delas, acreditam, se constrói conhecimento sobre o passado, outros povos e lugares e antecipa-se o futuro. Nesse livro atribui-se ao viés simbólico uma forma do ato de conhecer, que transcende a percepção direta. Com apoio no pensamento de Goodman (1995), defendem a ideia de que a arte é um modo de fazer mundos, ou seja, criar mundos a partir da diversidade de ideias que dele se tem.

Sabe-se que na ação artística se atribui e se extrai significado, tanto no fazer como no conhecer arte. A ordem da contemporaneidade está de acordo com os autores quando dizem que arte cria realidades em vez de representá-las ou espelhá-las. Wilson, Wilson e Hurwitz (2004) afirmam que ocorrem dois modos de aprendizagem no desenho de crianças pequenas antes do ensino fundamental, às quais eles pensam que não se devem mostrar obras de arte, pois, para eles, o primeiro modo de se desenvolverem é vendo o desenho de outras crianças e, em seguida, fazendo descobertas durante os jogos com os próprios desenhos. Essa afirmação é uma reiteração dos propósitos da escola moderna, com a diferença de que nossos autores reconhecem a aprendizagem entre as crianças enquanto desenham – ideia não enunciada por arte-educadores modernistas, com exceção de Arno Stern (1961).

Brent e Marjorie Wilson e Al Hurwitz pensam que cabe à educação (no caso, aos professores) promover a entrada dos alunos nos processos de "fazer mundos" (conceito de Nelson Goodman) em sua arte. Afirmam que o desenho é um sistema, como o é a escrita, e, desse modo, quem o ensina precisa conhecer os processos de aprendizagem do universo simbólico da linguagem.

Esses autores creem ser necessário ensinar os modos dos artistas aos alunos, para que possam deles aprender; mas também pensam que se deve deixá-los trabalhar espontaneamente, pois é quando manifestam uma atitude mais artística. Essa afirmação é uma ressignificação nítida da arte genuína da criança e do jovem, como aquela que pode se alimentar das obras de arte, mas necessita de momentos autopropostos. A preservação do tempo autoral, com a presença, mas sem propostas dos professores, indica a assimilação de aspectos do modernismo, acrescidos, nesse caso, da possibilidade de contato com a arte dos pares. Entendo que a arte da criança segue sendo autoral, mas pode "emprestar" (sic) imagens de outros, como dito pelos autores, que não acreditam que ela provenha apenas do aluno, ou seja, de fontes puramente endógenas.

Nas propostas descritas no livro em pauta, para que se aprenda a partir de imagens da arte, não se sugere a releitura no fazer artístico. Os autores destacam, entre outras consignas, ações para que o aluno possa refletir e fruir imagens da arte observando questões que os artistas se colocaram em suas obras. Buscam, assim, que as crianças de ensino fundamental e os jovens criem imagens, a partir da problematização de aspectos nelas contidos, sem mimetizá-las. Nisso, suas propostas diferem muito do DBAE. No uso do termo "empréstimo" de imagens dos colegas, também coincide com Stern (1961), que, como visto na análise de seus textos, utilizou a mesma palavra para relatar que autorizava esse tipo de interação entre os pares.

Os autores sucedem melhor o moderno do que as propostas de releitura da pós-modernidade de caráter maneirista que, quando tendem à cópia, antecedem a modernidade, pois se aproximam das orientações acadêmicas.

As orientações de nossos autores preservam a vinculação do universo dos artistas e seus modos de fazer, com a vida artística dos alunos orientando reconstruções dos conteúdos das obras. Em outras palavras, é o aluno quem escolhe como vai criar seu aglomerado de pessoas presentes na imagem do artista, problema que o artista se colocou, e como o apresentará em uma imagem autoral cujo contexto ele vai definir – pode ser um estádio de futebol, o público de um *show* de música, etc.

Por um lado, os Wilsons e Hurwitz não acreditam que existem fases no desenho infantil, mas, sim, diferentes modos de percorrer um caminho de desenvolvimento gráfico. A afirmativa dos autores diverge do pensamento moderno. Por outro lado, enumeram cinco fatores que determinam a gênese do desenho da criança, no livro aqui tematizado. Esses fatores são descritos como as características mais comuns e perpassam as questões do desenvolvimento e das influências culturais de cada criança. Os autores reconhecem, portanto, aspectos individuais de diferenciação entre os desenhos das crianças, diferenças culturais e também a presença de modos comuns a todas elas na ação gráfica, ou seja, existem também fatores universais que alinham os desenhos. Na definição desses fatores, os Wilsons e Hurwitz recorrem a autores modernistas, que citam e comentam. Entre outros arte-educadores modernos citados encontramos Goodnow (1979), Arnheim (1971) e Luquet (1969).

Passo agora a enumerar e comentar os cinco fatores, principais determinantes do desenvolvimento do desenho, segundo os Wilsons e Hurwitz.

ARTE/EDUCAÇÃO MODERNISTA E PÓS-MODERNISTA

> 1. Todos os seres humanos nascem com uma propensão a desenhar objetos do modo mais simples possível, evitando sobreposição, a representar as coisas a partir de determinadas perspectivas características e a ordenar as linhas mediante ângulos retos. (WILSON; WILSON; HURWITZ, 2004, p. 26, tradução nossa).

Assim, são verificadas constâncias nos desenhos e feitas generalizações. Entretanto, a cultura dos desenhistas e o contexto não são levados em consideração como nas propostas contemporâneas. Assim, esse fator se situa na arte/educação modernista. Se observarmos o desenho da figura humana de Onfim (Fig. 3.6), menino da Rússia Medieval, vemos que o ângulo entre os braços e o corpo não é reto, apesar de encontrarmos muitos desenhos do gênero com ângulos retos. O mesmo acontece com os objetos: o cabresto do cavalo de Onfim não está em ângulo reto em relação ao pescoço.

A universalização do desenho infantil não resiste ao tempo e aos aspectos exógenos advindos do meio cultural.

> 2. O desenvolvimento do desenho pode comparar-se ao processo de crescimento orgânico: às vezes, as imagens surgem pouco a pouco de uma imagem prévia e, outras vezes, as imagens mudam bruscamente a partir de uma descoberta casual que fazemos graças às linhas e formas que desenhamos ao acaso. (WILSON; WILSON; HURWITZ, 2004, p. 26, tradução nossa).

Nesse fator, verificamos semelhança com as descrições de processo criador presentes nos modernistas. Em Lowenfeld (1961), na passagem da "garatuja" para a "garatuja nomeada", é o acaso que leva a criança a descobrir formas simbólicas nos rabiscos. Nesse fator, os Wilsons e Hurwitz citam Mèredieu (1979), autora modernista – cujo pensamento fundamenta-se em Stern (1965) – no trecho em que ela discorre sobre a imagem residual do boneco girino, que gera o sol. Em relação ao acaso, a analogia de aspecto (morfológica) descrita por Luquet (1969), como fator da intenção de desenhar, que envolve a relação entre dois objetos reais, é gerada no processo de criação e visualização, no qual a criança, segundo o autor, pode perceber que a forma de uma figura feminina traçada sugere a masculina, assim, a primeira imagem desperta no desenhista a intenção de criar a segunda. Já para Matthews (2004), o acaso não existe,

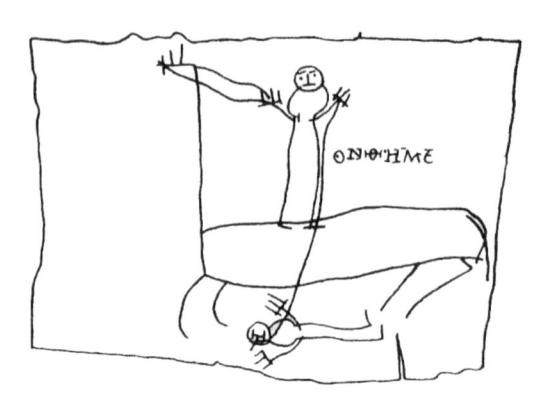

3.6 **Desenho de Onfim.**
Fonte: Wilson, Wilson e Hurwitz (2004, p. 20).

pois deixa de sê-lo assim que o achado casual é transformado em intenção. Todas as afirmativas, exceto a de Matthews, situam-se no paradigma moderno.

> 3. O desenvolvimento do desenho depende de tomar de empréstimo e empregar as imagens de determinada cultura. (WILSON; WILSON; HURWITZ, 2004, p. 26, tradução nossa).

Essa filiação à cultura é um aspecto contemporâneo da teoria dos nossos autores, pois a aprendizagem é associada a influências culturais. Esse "tomar de empréstimo" é, a nosso ver, uma afirmação importantíssima do texto dos autores, ela tem como epicentro o desenhista como alguém que faz escolhas, a partir de imagens do meio, daquilo que serve para impulsionar o seu desenho. Essa modalidade de interação transcende os limites modernistas, pois autoriza o aluno a se relacionar diretamente com as produções artísticas de outros (artistas e pares).

> 4. Desenhar bem depende de talentos e qualidades, entre eles: o desejo de desenhar, a memória visual, as capacidades motoras e de observação, a imaginação, a invenção e o gosto estético. (WILSON; WILSON; HURWITZ, 2004, p. 26, tradução nossa).

Esse fator é intrinsecamente modernista – com exceção feita ao talento, condição recusada pelo paradigma moderno no qual todos podem desenvolver o potencial criador. Aparentemente, o fator 4 está ligado às características individuais dos desenhistas, mas se diferencia do pensamento construtivista. Este acredita que os itens enumerados pelos Wilsons e Hurwitz, como qualidades e talentos, podem ser aprendidos por intermédio de aprendizagem em sala de aula e não são fruto apenas do desenvolvimento natural, como expressaram os modernistas. Aproximam-se muito das temáticas renovadas, ao enumerar o desejo de desenhar como a mais decisiva entre as qualidades que promovem o desenho e ao discorrerem sobre a memória visual, que, creem, fica mais ampliada à medida que a criança cresce. Não deixam de lado as aptidões motoras e as de observação. Para os modernistas, tais aptidões são mais bem desenvolvidas com base e no momento da necessidade de autoexpressão (CIŽEK, 1910). Já para os Wilsons e Hurwitz, a "observação" importante ao desenho refere-se, principalmente, à ação diante das configurações gráficas das imagens do entorno. Mas eles também abordam as capacidades da imaginação, da invenção e dos gostos gráficos e estéticos. Acreditamos, como os construtivistas, que todas essas habilidades não poderiam ser desenvolvidas apenas pela livre expressão, pois necessitam da aprendizagem com mediação do professor, apesar das tendências pontuadas pelos autores presentes naqueles que desenham bem.

> 5. Por último, a forma de desenhar de uma pessoa tem relação com a possibilidade que ela tem de aprender e aplicar técnicas, com o alento que recebe para desenhar e com o tipo de instrução que recebe. (WILSON; WILSON; HURWITZ, 2004, p. 26, tradução nossa).

Esse fator é integralmente pós-moderno com assimilação e expansão de ideias modernas. Aprender e aplicar técnicas para fazer formas artísticas é ideia também descrita por Eisner (2002), autor que participou da fundamentação do DBAE junto a Brent Wilson. Em relação ao "alento para desenhar", temos um ponto moderno que segue no pós-moderno, pois a validação dos atos desenhistas e seu acolhimento estão descritos nos textos modernistas. Já "instrução" é um termo não usado entre os modernistas e entre muitos pós-modernos.

Por um lado, nossos autores expressam uma grande discordância em relação aos arte-educadores modernistas, pois acreditam na intervenção das imagens na arte da criança e do jovem e também na aprendizagem da técnica. Entretanto, em vários aspectos, como vimos, preservam uma vertente modernista. Eles inovam, descartam alguns itens modernistas e preservam outros. É o que se costuma encontrar nos textos dos autores pós-modernos com variação no que assimilam, descartam, expandem e inovam da arte/educação moderna.

Os Wilsons e Hurwitz desconstroem as fases do desenho infantil e nos apresentam os diferentes modos de evoluir no desenho. Ao fim do processo evolutivo, esses desenhos são feitos de maneira realista, mesmo se o realismo não for o único objetivo do desenhista. Retomam aspectos do pensamento de Luquet (1969), que afirma que a criança é realista na intenção.

Isso é interessante porque os autores pós-modernistas criticam muito a tendência ao realismo expressa por Luquet, e os Wilsons e Hurwitz, que apostam na interação com a arte na construção do desenho, incluem o realismo sem medo. Para eles, trata-se de figuração e não de representação do real ou de um desenho que se desenvolve em fases comuns aos sujeitos – há variações que marcam cada desenhista. Talvez eles sejam os únicos pós-modernistas a interpretar bem essa proposição de Luquet, porque têm vivência em sala de aula e observam o que as crianças e os jovens desenham.

Os Wilsons e Hurwitz criticam Lowenfeld em sua crença de que nas regiões mais remotas do país, com menos influência de modelos da cultura, as crianças eram mais criativas. Rebatem isso com o exemplo de Nahia, povoado egípcio por eles pesquisado, onde as crianças têm pouco acesso a imagens da arte adulta e os modelos de desenho vêm de alunos mais velhos na mesma situação. Para os autores, esses desenhos são pobres e previsíveis. Daí, concluem que a percepção direta de objetos e situações tem menos participação na construção do desenho do que a observação de configurações gráficas adultas – apostam na influência gráfica como fator de aperfeiçoamento do desenho.

Penso que o trabalho contemporâneo com propostas dos professores a partir da arte e do sistema da arte em sala de aula, combinado com momentos de ateliê de criação das crianças, favorece ao aluno a superação de limites construindo seu percurso criador com qualidade. Nesse sentido, acredito, como Matthews (2004), na necessidade de momentos mais livres para o aluno; entretanto, também como Wilson, Wilson e Hurwitz (2004), penso na necessidade de propostas dos professores para os alunos aprenderem sobre como os artistas criam obras e colocam questões ao fazê-las. John Matthews foi aluno de Brent Wilson, a quem agradece pelo apoio recebido na abertura de seu livro; ambos são artistas e arte-educadores.

A arte/educação contemporânea tem nos Wilsons e Hurwitz sua expressão mais clara quando eles afirmam que a criança, ao crescer, depois da educação infantil, desenvolve a cognição e retém mais suas experiências com os objetos do entorno, mas também com os desenhos de artistas e dos colegas (Fig. 3.7). Antes disso, como foi visto, os autores acreditam no desenvolvimento espontâneo, são completamente modernos. Mas, no período posterior à educação infantil,

ARTE/EDUCAÇÃO MODERNISTA E PÓS-MODERNISTA

3.7 Desenhos de duas meninas de 2 a 3 anos.

eles trazem uma mudança significativa e um posicionamento pós-modernista. Acredito que a criança pequena também guarda imagens das experiências com seus desenhos e da interação com os dos pares, só não assimila as imagens dos colegas se não for autorizado pelos professores, como ocorreu no modernismo.

Wilson, Wilson e Hurwitz (2004) afirmam que, se o desenho da criança não alcança os desenhos dos outros colegas mais avançados ou a percepção que tem dos objetos do entorno, ela fica insatisfeita e necessita de mais informação em detalhes e complexidade. Assim, os autores se distinguem dos modernos na questão do bloqueio, nem sequer situando-o como estagnação. A aproximação de modelos da arte está autorizada didaticamente e é entendida como demanda e necessidade, que precisa ser reconhecida e compreendida pelos professores. É nesse aspecto, em especial, que os autores nos abrem caminhos para verificar e propor problemas para serem resolvidos, promovendo aprendizagens em sala de aula, gerando conflitos e desafios cognitivos em relação aos sistemas de representação presentes na arte.

Isso não foi verificado pelos autores modernistas, pois o bloqueio foi por eles "psicologizado" e atribuído a fatores que, efetivamente, não tangenciavam as questões que hoje são centrais em relação à aprendizagem na área.

ELLIOT EISNER

Falecido em 2014, Eisner foi um expoente da arte/educação norte-americana – produziu teoria desde o período modernista. As relações entre arte e cognição, arte e currículo e arte e educação são suas maiores contribuições.

> O argumento que pretendo desenvolver aqui é que o modo como as crianças se expressam em artes visuais depende das habilidades cognitivas que elas adquiriram, e que estas estão relacionadas tanto ao fator biológico como às habilidades aprendidas à medida que estes traços humanos interagem com as situações em que trabalham.
>
> A *performance* humana nas artes é fruto de uma mistura dinâmica de questões em interação: desenvolvimento, situação e habilidades cognitivas que a criança adquiriu como resultado dessas interações. O processo de educação na arte ou em qualquer outra área é promovido por professores quando eles desenham as situações nas quais e por intermédio das quais o desenvolvimento destas habilidades é promovido. (EISNER, 2002, p. 107, tradução nossa).

ARTE/EDUCAÇÃO MODERNISTA E PÓS-MODERNISTA

Pode-se interpretar que Eisner considera a intervenção didática do professor de arte, apesar de não usar o termo. Afirma que é necessário ao aluno assimilar conteúdos conceituais e técnicos, para que possa transformar seu mundo de ideias, de símbolos e da imaginação em formas artísticas. O autor associa o processo criativo dos artistas ao dos alunos – ao fazerem arte, como o artista, eles investigam, têm algo a dizer e expressar, ao tornar público algo do âmbito privado por intermédio de sua arte, como nos diz Eisner (2002).

Para o autor, os órgãos dos sentidos são fundamentais como porta de entrada da cognição. Afirma que o que está na mente (cultura) e no cérebro (cognição), como conceitua essas duas instâncias, deixou de passar pelas mãos e pelos demais sentidos, ou seja, situa o corpo como instância do pensar quando a criança entra em contato com a arte. Em termos construtivistas, entendemos que o autor preserva o sensório-motor como estágio incorporado aos períodos vindouros.

No seu livro *Educating Artistic Vision*, de 1972, Eisner refletiu em um paradigma curricular bastante avançado, projetando a formação artística por intermédio de experiências criativas, críticas e culturais, mas sempre trazendo e considerando o ponto de vista de diferentes autores e pesquisadores da arte/educação. Ele identificou quatro fatores gerais relacionados à produção de formas visuais:

1. Habilidade no manejo dos materiais

2. Habilidade para perceber relações qualitativas entre as formas produzidas no trabalho, entre as do entorno e entre as formas vistas como imagens mentais

3. Habilidade no inventar formas que satisfazem ao produtor, apesar dos limites dos materiais com os quais está trabalhando

4. Habilidade em criar ordem espacial, ordem estética e poder expressivo (EISNER, 1972, p. 96, tradução nossa).

Eisner traz propostas contemporâneas à arte/educação. Ele nomeia de período de cópia (aquisição de modelos) a estagnação da arte dos jovens, considerando esse momento como parte do processo de desenvolvimento artístico, ao qual se refere como "período didático" que antecede o "período estético ou expressivo" próximo da arte adulta. Acredita que tais períodos são reflexos dos modelos mentais que o jovem emprega para definir os propósitos de seus trabalhos.

As técnicas e as habilidades representam para Eisner não só maneiras de fazer algo, mas também modos de pensar sobre aquilo que se quer criar. Ele sempre alia a cognição à criação artística, ou seja, a técnica não é simples fatura com finalidade em si mesma, mas um meio a serviço da expressão. Assim, as características que mudam na produção artística da criança resultam das mudanças nos modos como ela pensa sua arte, usando procedimentos técnicos. Em termos construtivistas, diríamos que a criança se orienta por meio de suas ideias quando faz sua arte, para se expressar com conhecimento técnico.

Eisner acredita que a diferença entre intenção e realização é um guia nas correções que as crianças e os jovens efetivam nos trabalhos. Disso, extrai uma colaboração da arte para a vida, na qual é importante a habilidade de analisar o valor das coisas, saber concretizar revisões, fazer projeções e estimar as consequências. Para ele, isso é fundamental no trabalho em arte e em todos os campos. Ele sempre advoga a causa da arte na educação estimando seu papel fundamental na formação global do ser humano (herança do ideário moderno), mas não pensa apenas no valor do desenvolvimento da criatividade, e, sim, que a arte pode associar "estrutura e mágica", como diz, trazendo ensinamentos à educação. O autor também incorpora propostas orientadas à aprendizagem artística combinadas com um fazer autoral.

Elliot Eisner atravessou do moderno ao contemporâneo transformando e avançando em suas teorias; é um grande pensador da arte/educação. Ele foi professor emérito de arte e educação na Stanford University. Em 2008, publicou um artigo no *NAEA News*, por ocasião da *NAEA* National Convention, ocorrido em New Orleans, Louisiana, intitulado *"What education can learn from the arts"*. Esse artigo teve efeito viral entre arte-educadores brasileiros, pois, embora escreva uma mensagem para a mudança do sistema educacional norte-americano, vê-se que o autor ressignificou e fez uma síntese brilhante das consequências educacionais da arte/educação.

Eisner inicia o texto comentando que as escolas norte-americanas no século XX tinham propostas ligadas a um paradigma científico, de base quantitativa, no qual a preocupação era mensurar, e não verificar, o significado do conhecimento. O olhar estava voltado ao mercado, na preparação para os negócios. A arte não é algo mensurável, nos diz, e, por conseguinte, teve pouco espaço nas escolas. Ele escreveu oito enunciados, dos quais mostraremos apenas os títulos, e afirmou que os pontuou, para dar argumentos àqueles que querem justificar o que a arte tem a ensinar para a educação. Em cada um desses pontos pude reconhecer o pensamento de Lowenfeld, expresso em seus livros e suas palestras, quando seus escritos trataram de ideias similares.

A arte é importante no currículo porque ensina:

- como fazer bons julgamentos sobre relações qualitativas;
- que os problemas podem ter mais que uma solução, a celebrar múltiplas perspectivas;
- que as circunstâncias e as oportunidades mudam a forma fixa de resolução de problemas;
- que saber a forma literal das palavras e dos números não esgota o que podemos saber;
- que pequenas diferenças podem ter grandes efeitos;
- a pensar por intermédio e nos limites de um material;
- como aprender e como dizer o que não pode ser dito;
- a ter experiências que não podem se realizar de outra maneira.

(EISNER, 2008, tradução nossa).

Para Eisner (2008), a cognição é um elemento indissociável da arte, porque nenhuma atividade afetiva existe sem ela. Entretanto, afirma que é preciso diferenciar sentimentos, distinguir um estado de ser de outro, e tais ações são produtos de pensamentos. Para ele, toda atividade cognitiva é também afetiva.

Elliot Eisner (2008) afirmou que aquilo que importa à criança é captar a "gatice" do gato e não o gato como ele é em si. Isso explica por que os modernos como Klee, Miró e Matisse, por exemplo, descobriram na arte infantil uma expressão exemplar ao trabalho dos artistas modernos.

Artistas, antropólogos, arte-educadores, educadores, cientistas, filósofos, psicanalistas, psicólogos, entre outros profissionais que produziram em suas respectivas áreas teorias e práticas inovadoras relativas a crianças e jovens, principalmente na primeira metade do século XX, colaboraram com a arte/educação moderna, que deu base à contemporânea.

ARTE/EDUCAÇÃO MODERNA E CONTEMPORÂNEA

4

Minha visão é que o novo ensino da arte deve estar centralizado no estudo de importantes obras de arte - obras de arte que são universalmente importantes, obras de arte que são importantes para um país particular, obras de arte que são importantes para uma região específica de um país, e obras de arte que são importantes para estudantes de uma comunidade particular.

(WILSON, 2005, p. 94).

Na arte/educação pós-moderna, o conhecimento sobre arte é imprescindível ao estudante porque perpassa relações interdisciplinares, além de favorecer a construção do pensamento artístico. Aprender sobre arte também requer a leitura de diferentes tipos de textos que tratam da produção artística em diversos suportes (internet, exposições, jornais, revistas, etc.), sejam eles biográficos, críticos, históricos, informativos ou jornalísticos.

A compreensão de textos e a fala de especialistas sobre arte aperfeiçoam a leitura das obras, pois tais formulações alcançam conteúdos não perceptíveis no contato direto com a materialidade dos objetos artísticos e, assim, orientam o aluno a saber contextualizar e observar a produção sócio-histórica da arte. Esse conhecimento leva o aluno a se posicionar de modo informado e sensível, compreendendo que tanto as teorias como as obras de arte mudam na história. Desse modo, conhecer os textos produzidos sobre arte de diferentes momentos e espaços geográficos promove a reflexão sobre o papel da arte na sociedade e na vida de diferentes culturas.

Na pós-modernidade, as práticas de criação na escola, alimentadas pelas aulas sobre arte, exigem do aluno ações em diferentes âmbitos relacionados entre si, a saber: a produção, a fruição, a contextualização das obras e as conexões entre elas. Desse modo, os alunos podem desenvolver suas identidades artísticas, pautadas pelo direito ao desfrute dos bens culturais e também de sua criação. Assim, cumpre-se o propósito de formação de artistas em potencial e, certamente, de fruidores de arte com conhecimento e capacidade de julgamento, de seleção crítica dos bens artísticos e culturais e de compreensão sobre o sistema que envolve a arte.

Aprender sobre arte na escola é caminhar pelas marcas simbólicas deixadas pelos artistas e refletir sobre sua presença nas relações de continuidade e descontinuidade na arte contemporânea, a partir de aprendizagens singulares no fazer e no conhecer arte. Sendo assim, na arte/educação pós-moderna, a arte de outros povos, de outros tempos, as diferenças ou congruências entre essas produções podem suscitar no aluno o encantamento, o estranhamento, a provocação, a indignação e a revitalização do seu mundo simbólico, que lhe permitem dialogar com o de outros, expandindo e incorporando conteúdos novos, ampliando seu repertório e interesses. Assim, o aluno constrói conhecimento sobre as referências artísticas às quais se filia e os hibridismos culturais que as formam.

Portanto, o conhecimento das obras de diferentes contextos culturais abre a possibilidade do diálogo intercultural, afirma o reconhecimento da existência das diferenças, semelhanças e hibridismos entre as culturas, além de promover a interação do aluno com a diversidade cultural. Isso leva o aluno a compreender o campo das produções artísticas sem hierarquizações, destacando o julgamento das qualidades artísticas e estéticas de um amplo leque de trabalhos com origens distintas.

> Para as crianças mais crescidas, a arte de todas as culturas proporciona um meio pelo qual uma sociedade ou um povo podem ser sentidos e compreendidos, e os valores de uma geração podem exercer alguma influência sobre a seguinte. Estudando a variedade de expressões da arte contemporânea, nas culturas de hoje é possível obter as indicações sobre as atitudes e sentimentos desses povos. (LOWENFELD; BRITTAIN, 1977, p. 46).

Lowenfeld anteviu um aspecto do currículo contemporâneo de ensino sobre a diversidade cultural. Entretanto, hoje, desde a educação infantil, e não apenas as "crianças mais crescidas", como afirmou, os alunos aprendem sobre arte de diferentes povos e tempos históricos.

A questão da identidade cultural é pensada em novos termos a partir da aceleração do fluxo de pessoas entre países, promovida pela globalização que desconstruiu, em parte, o conceito de estados-nação modernos. O tema é bem desenvolvido por Stuart Hall em seu livro *A identidade cultural na pós-modernidade*.

> A etnia é o termo que utilizamos para nos referirmos às características culturais – língua, religião, costumes, tradições, sentimentos de "lugar" que são partilhadas por um povo. É tentador, portanto, tentar usar a etnia desta forma "fundacional". Mas essa crença acaba, no mundo moderno, por ser um mito. A Europa ocidental não tem qualquer nação que seja composta de apenas um único povo, uma única cultura ou etnia. As nações modernas são todas híbridas culturais.
>
> [...]
>
> O ressurgimento do nacionalismo e de outras formas de particularismo no final do século XX, ao lado da globalização e a ela intimamente ligado, constitui, obviamente, uma reversão notável, uma virada bastante inesperada dos acontecimentos.
>
> [...]
>
> Entretanto, a globalização não parece estar produzindo nem o triunfo do "global" nem a persistência, em sua velha forma nacionalista, do "local". Os deslocamentos ou os desvios da globalização mostram-se, afinal, mais variados e mais contraditórios do que sugerem seus protagonistas ou seus oponentes. (HALL, 2006, p. 62, 96-97).

A qualidade artística dos objetos das diferentes culturas pode ser avaliada com referenciais que levam em consideração o contexto da produção e também a interculturalidade. A indiferenciação de critérios de análise e a desconsideração das idiossincrasias de cada tempo e lugar implicam em deformação da identidade artística. Hoje, temos fluxos internacionais em tempo real de ideias e obras artísticas e um grande número de artistas deslocando-se entre países.

Julgar que todas as culturas podem ser compreendidas por critérios semelhantes e que qualquer uma delas cabe nas leis de ordenação das demais é fundar hierarquias com base em relações de soberania de umas sobre outras.

Nessa linha de pensamento, nos currículos das escolas contemporâneas pode-se ensinar sobre aspectos que consolidam as identidades culturais contemporâneas, ampliando o conhecimento do aluno sobre o sistema da arte.

ITENS DO DESENHO CURRICULAR DA ARTE/EDUCAÇÃO MODERNA E PÓS-MODERNA: FLUXOS

Finda a análise dos textos dos autores modernistas e pós-modernistas, pude responder às perguntas colocadas inicialmente: O que as teorias modernas da arte/educação ainda têm a nos dizer hoje? O que delas foi superado ou preservado? O que foi ressignificado diante dos avanços da arte/educação junto a crianças e jovens? Quais são as inovações da pós-modernidade na área?

Depois desse caminho, posso apresentar uma síntese dos aspectos principais que se destacaram na análise e reflexão. Em relação aos itens curriculares modernistas e pós-modernistas da arte/educação que ordenarei a seguir, tenho consciência de que outros aspectos ainda poderiam ser encontrados ao longo dos dois períodos; entretanto, os que estão aqui indicados são representativos de cada um deles.

Em cada período estudado encontrei variações de concepções e práticas entre os diferentes autores. Lowenfeld, por exemplo, escreveu sobre propostas temáticas orientadas aos alunos tendo como ponto de partida o mundo psicológico dos adolescentes, e outros autores modernistas não o fizeram. Ele realizou intervenções didáticas para que crianças pequenas tivessem mais envolvimento com seus trabalhos ou consciência de experiências espaciais, sempre partindo do conjunto de faturas dos alunos ou de seu mundo psicológico para fazer as propostas. Já na pós-modernidade, as intervenções didáticas incluíram produções artísticas da arte adulta, sendo que alguns autores do período o fizeram desde a educação infantil e outros apenas a partir do ensino fundamental. A diversidade de pensamento dos autores da arte/educação existe, mas isso não me impediu de reunir os aspectos mais convergentes para definir as concepções relevantes nas quais recaiu a tônica de cada período com variações significativas entre eles.

Foram selecionados quatro itens de ordenação curricular com tônicas diferentes para o modernismo e o pós-modernismo, que qualificam e se diferenciam: os objetivos (para que educar?), os conteúdos (o que ensinar?), as orientações didáticas (como ensinar?) e a avaliação (como avaliar?) no moderno e no contemporâneo.

A análise do **fluxo nos objetivos**, item curricular que corresponde às intenções educativas (para que educar?), indicou que no modernismo se teve por tônica promover o desenvolvimento artístico e estético e o potencial criador das crianças e dos jovens. Já no pós-modernismo predominou o ensino e a aprendizagem da arte, como objeto de conhecimento, para os alunos.

Educar por meio da arte para que o aluno seja sensível, tenha consideração pelo outro e pelas questões do meio ambiente foi o objetivo modernista que seguiu na pós-modernidade.

A criatividade no modernismo foi um objetivo e referiu-se à criação do novo e adequado com autonomia – o aluno fazia sua arte governado por si mesmo. Esse conceito de criatividade transformou-se no pós-modernismo, pois é importante que o aluno tenha autonomia criativa no fazer, no fruir e no refletir sobre arte em interação com a produção social e histórica da arte.

A arte/educação modernista tinha como objetivo desenvolver a livre expressão dos alunos ou a autoexpressão genuína e verdadeira para equilibrar as relações entre o pensar, o sentir e o perceber por intermédio da arte e na vida futura. Na pós-modernidade, não se deu continuidade a esse objetivo; todavia, intencionou-se promover a criação artística que é simultaneamente autoral e alimentada pela arte de outros (artistas e crianças).

Um objetivo modernista que seguiu na arte/educação pós-modernista foi o de promover o desenvolvimento artístico e estético dos alunos.

Na pós-modernidade, a aprendizagem plena é associada à construção de competências e habilidades cognitivas, procedimentais e sensíveis nos âmbitos do fazer e do conhecer a produção social e histórica da arte em sua diversidade e nas diferentes culturas.

Um objetivo inovador da pós-modernidade foi possuir como intenção a interação dos alunos com a arte e seu sistema (produção, distribuição, acesso e profissionais da área), promovendo o repertório do aluno para criar e fruir, orientado por valores como equidade, atitude cidadã e participação social.

Foi intenção educativa da modernidade validar a arte infantil como ação espontânea com gênese universal. Tal objetivo não seguiu na pós-modernidade, na qual se desconstruiu a ideia de universalidade e espontaneidade das criações infantis; observou-se na arte da infância uma diversidade de símbolos e possibilidades de desenvolvimento orientados pelas oportunidades educativas, de aprendizagem e de interação com a arte de outros (crianças e artistas) nas diferentes culturas dentro e fora da escola.

Na modernidade, pouco se autorizou a visita a museus por alunos – isso só ocorreu esporadicamente, em geral a partir da adolescência, para que esses jovens desenvolvessem a crítica e se familiarizassem com a arte de vanguarda de sua época. Já na pós-modernidade os alunos têm contato com reproduções de obras nas escolas e frequentam museus reais e virtuais, instituições culturais e ateliês de artistas e observam arte de rua desde a educação infantil, desenvolvendo a capacidade de pensar criticamente em arte e em outras áreas do conhecimento dada a interdisciplinaridade presente nos conteúdos das obras.

Na pós-modernidade, inovou-se com o objetivo de ensinar sobre a diversidade cultural e a interculturalidade presentes nas obras, na sociedade e na vida dos indivíduos.

A análise do **fluxo nos conteúdos**, item curricular que corresponde às capacidades que se quer promover no aluno (o que ensinar?), indicou que a tônica dos arte-educadores modernos foi a de criar oportunidades para o aluno descobrir o conteúdo por si, durante o processo de criação. Já os pós-modernos tiveram por tônica ensinar conteúdos oriundos do universo da arte, observando as aprendizagens, tanto pela descoberta como pela resolução de problemas.

Os conteúdos procedimentais foram apresentados no modernismo e ensinados no pós-modernismo acrescidos de conteúdos conceituais e atitudinais. No modernismo, preferiu-se trabalhar com a experimentação de diferentes meios e suportes, considerando a qualidade de cada um deles. Tal experimentação seguiu no pós-modernismo acompanhada de aprendizagem e invenção de técnicas do universo da arte.

No modernismo, a técnica foi usada a serviço da expressão, sendo que a construção das formas era de âmbito exclusivo do aluno. No pós-modernismo, a técnica, além de dar suporte à expressão, é um conteúdo a ser aprendido para efetivar construções específicas, que circunscrevem domínios técnicos advindos da arte. A forma agora pode ser construída pelos alunos ou gerada a partir de propostas do professor, envolvendo conteúdos de objetos artísticos, para que crianças e jovens aprendam sobre arte. Os alunos podem, ainda, criar formas observando e dialogando com os trabalhos dos colegas ou em momentos do seu fazer artístico.

No modernismo, o fazer artístico foi fundante do desenvolvimento da capacidade criadora. No pós-modernismo, além do fazer, o aluno tem oportunidades de fruição e reflexão sobre a produção social e histórica da arte, para aprender a contextualizá-la, ou seja, situar as obras em relação aos seus contextos de produção e ser capaz de estabelecer conexões entre elas. Portanto, os conteúdos da história da arte e do "sistema da arte" (que comporta o conhecimento sobre artistas e outros profissionais da área, a difusão e o acesso à arte) são incluídos como saberes.

No modernismo, a autoria na criação estava relacionada ao percurso de criação individual, ou seja, ao processo criador, alimentado pelos conteúdos das experiências de vida dos alunos e por meio da interação com sua própria arte. Isso seguiu no pós-modernismo. Entretanto, além dos conteúdos das experiências de vida, os alunos no pós-modernismo têm capacidade de criar a partir da interação com os trabalhos dos colegas e com os das obras dos artistas. Também houve, no modernismo, em menor escala, a possibilidade de "emprestar" imagens de pares para fazer arte sem perda da autoria e, na pós-modernidade, acresceu-se como conteúdo desses "empréstimos" a possibilidade de aprender sobre a linguagem da arte com obras de artistas.

No modernismo, os alunos fizeram trabalhos visuais nos espaços bi e tridimensionais, usando os conteúdos dos meios e suportes em geral empregados pelos artistas modernos: desenho, colagem, pintura, gravura, modelagem, objetos de madeira, trabalhos com restos industriais e bordados, em alguns casos. Na pós-modernidade, além desses meios e suportes, foram introduzidos os conteúdos das modalidades da arte contemporânea: as instalações, a produção e a edição de vídeo, a fotografia, as HQs... Desse modo, foram incluídas as tecnologias da informação e da comunicação para produzir artes visuais e audiovisuais.

No período modernista, a forma de documentação dos trabalhos artísticos foi ordenada pelo professor. Já na pós-modernidade, a documentação ganha muitos meios de registro dos trabalhos, dá-se prioridade aos portfólios de imagens, textos e demais produções em arte, que são ordenados pelos alunos em colaboração com os professores a partir do ensino fundamental.

No moderno e no contemporâneo foram trabalhadas as atitudes de autoconfiança para produzir os trabalhos, assim como a relação amistosa tanto junto aos colegas, como na recepção dos encaminhamentos dos professores. O interesse e o respeito pelas criações de pares, de artistas e pelas obras do patrimônio cultural surgem como conteúdo da pós-modernidade.

A análise do **fluxo nas orientações didáticas**, item curricular que corresponde às modalidades de organização do ensino (como ensinar?), apontou que no modernismo acompanhou-se o aluno em seus processos de criação verificando no seu desenvolvimento artístico o aspecto endógeno das criações. Por sua vez, na pós-modernidade os aspectos endógenos e exógenos são acompanhados da observação das aprendizagens artísticas.

Na modernidade, trabalhou-se a partir dos interesses e das necessidades dos alunos para selecionar as propostas de atividades. Na pós-modernidade, além de se levar em consideração interesses e necessidades do aluno na organização do ensino, considerou-se que esses também podem ser gerados pelas propostas dos professores.

O espaço do ateliê, na modernidade, organizou-se como base favorável ao desenvolvimento artístico e, na pós-modernidade, inovou-se, criando um ambiente de aprendizagem propício às atividades do fazer, fruir e refletir sobre arte em ateliê, sala de aula, museu, espaço virtual e outros espaços de arte.

No modernismo, apresentaram-se os materiais e os instrumentos e orientou-se à descoberta na criação e na adequação dos procedimentos artísticos. No pós-modernismo, aprender sobre procedimentos artísticos relacionados a diferentes meios e instrumentos foi uma orientação didática nos momentos de criação dos alunos e na análise de seu uso na história da arte.

A pós-modernidade inovou ao considerar o procedimento (adequação no uso dos meios e suportes) como um saber construído historicamente pelos artistas, que pode ser orientado considerando-se que os conhecimentos procedimentais que o aluno domina vão dialogar com procedimentos ainda desconhecidos por ele, desde a educação infantil.

Foram orientações didáticas da arte/educação moderna impedir a interação da criança com a arte adulta, descontruir a produção estereotipada da criança e observar seu desenvolvimento artístico, expresso em fases evolutivas em seus trabalhos. Tais proposições não tiveram continuidade na pós-modernidade, cujas orientações didáticas observam que o desenvolvimento artístico não é natural e as fases da arte das crianças e dos jovens não correspondem às idades fixadas pelos arte-educadores modernos – é que a sucessão progressiva dos diferentes momentos expressos na arte dos pequenos e dos jovens depende de aprendizagem em arte que envolve conhecimento sobre arte e prática artística.

Na modernidade, promoveu-se o desenho de observação do meio natural e cultural sem tentar copiá-los, deixando o aluno desenhar segundo sua relação com aquilo que observa. Criando a partir dessa empatia, evitou-se, assim, reproduzir o ensino copista da escola tradicional. Já esse desenho de observação, o de memória e o de imaginação são orientações da proposta pós-moderna.

Tanto na modernidade como na pós-modernidade fez parte das orientações didáticas a realização de trabalhos individuais e grupais nas aulas de arte.

Na modernidade, os adolescentes poderiam observar trabalhos de artistas para resolver problemas técnicos de seus trabalhos. Já na pós-modernidade a relação entre o ver e o fazer é parte constitutiva do aprender em arte ao longo da educação básica.

Para romper com o ateliê livre, vez por outra, na modernidade, orientaram-se atividades com temas mobilizadores do interesse dos alunos ou afinados com suas experiências culturais para que não abandonassem o desenvolvimento criativo. Na contemporaneidade, o balanceamento entre o ateliê de percurso criador e a participação em propostas dos professores é o formato permanente das orientações didáticas.

A modernidade trouxe orientações didáticas que incentivaram a descoberta nos processos de criação e, na pós-modernidade, além de descobrir, os alunos resolvem problemas nos próprios trabalhos, a partir de intervenções dos professores que orientam a aprendizagem com conteúdos de obras dos artistas e da produção dos pares.

Uma orientação da modernidade para desconstruir o medo de figurar dos adolescentes foi mostrar a eles obras abstratas. O mesmo é feito na pós-modernidade, acrescendo a essas orientações obras figurativas e trabalho junto aos pares.

A pós-modernidade inovou orientando ações de aprendizagem significativa em arte, nas quais os alunos mobilizam quantidades substantivas de seus conhecimentos prévios para interagir com novos conteúdos no fazer, no fruir e no pensar sobre arte. Os temas sociais da atualidade não são áreas de conhecimento, mas seu ensino é articulado a elas. Hoje, a organização do ensino em arte pode se dar de modo disciplinar ou interdisciplinar (com outras áreas de conhecimento ou com as linguagens da arte).

A livre expressão como autoexpressão foi abandonada pela pós-modernidade, na qual predomina a expressão e a construção cultivadas, ou seja, informadas pelas culturas artísticas.

A pós-modernidade inovou ao introduzir nas escolas a escrita e a reflexão sobre arte que o aluno pratica individualmente ou com os colegas. Apenas nas atividades escolares pós-modernas o aluno identifica significados expressivos e construtivos fruindo os próprios trabalhos, dos pares e dos artistas.

A análise do **fluxo na avaliação** (como avaliar?) mostra que, no modernismo, acompanhou-se o aluno em seus processos de criação valorizando-os mais do que seus produtos e, na pós-modernidade, o processo, o produto e a gênese das aprendizagens são matéria da avaliação.

Na modernidade, a interação do professor com o processo de criação de cada aluno ou de um grupo foi o canal de avaliação do desenvolvimento artístico, nunca realizado por meios quantitativos. A arte dos alunos foi qualificada verbalmente, logo após sua fatura, ou em relação a trabalhos anteriores do seu processo criador. Nesse sentido, a pós-modernidade inovou, pois nela se avaliou qualitativa e quantitativamente a produção dos alunos. Seguiu-se com a avaliação das faturas artísticas e introduziram-se avaliações sobre as ações reflexivas individuais; as criações realizadas nos momentos de interação com propostas do professor; as interações com os colegas no fazer, no fruir e no compartilhar reflexões sobre arte. Portanto, a relação do professor com cada aluno e sua arte continuou promovendo o trabalho criativo sem estereótipos do moderno ao pós-moderno no qual foram introduzidas outras formas de avaliação.

A avaliação moderna levou em consideração os conteúdos do planejamento dos professores (apresentação de materiais ou temas) como meio de incitar a capacidade criadora dos alunos. Já no pós-moderno inovou-se tendo como referência da avaliação os conteúdos ensinados a partir de desenho curricular, verificando se foram alcançadas as expectativas de aprendizagem para cada ano da vida escolar. Além disso, as conquistas nas aprendizagens são avaliadas mediante consideração do sistema mais amplo que envolve a escola (a comunidade e seus parceiros), dos conhecimentos prévios dos alunos e da sua cultura de origem.

Em conclusão, na análise do conjunto dos itens do desenho curricular, no que se refere aos **fluxos de objetivos**, **conteúdos**, **orientações didáticas** e **avaliação em artes visuais** da escola moderna à contemporânea, verificou-se que houve alguma **continuidade e transformação** que expressam a existência de indícios do pós-moderno no moderno, pois tais aspectos foram mantidos ou complementados. Em outras palavras, alguns pontos foram preservados ou ressignificados e transformados na passagem entre os períodos.

Encontrei, na arte/educação contemporânea, **descontinuidade** entre alguns elementos dos itens curriculares que foram validados na modernidade. Houve, ainda, pontos **inovadores** na pós-modernidade, pois foram inventadas novas proposições nos itens do desenho curricular, sem alinhamento com os modernistas.

CONSIDERAÇÕES FINAIS

5

Se somos capazes de ver mais longe, é porque estamos sobre os ombros de nossos predecessores.

(GARCIA, 2002, p. ix).

Como visto, os itens do desenho curricular descritos e analisados anteriormente não expressam a totalidade do que se encontra nos textos estudados, mas o conjunto é representativo da arte/educação moderna e da contemporânea. Assim, essa análise pode clarear o panorama dos fluxos ocorridos na passagem do moderno ao contemporâneo e explicitar as teorias e as práticas construídas em cada período da arte/educação.

As propostas coincidentes e as que foram ressignificadas e transformadas expressam respectivamente permanência e transformação e são da ordem da **continuidade nos fluxos entre os dois períodos**. Já as propostas abandonadas e as inovadoras correspondem, respectivamente, a superações do moderno pelo pós-moderno e proposições de inovação nesse último período. Ambas são da ordem da **descontinuidade nos fluxos entre os dois períodos**.

Acredito que os estudos que transitam entre o passado e o presente da arte/educação podem contribuir na formação dos professores da área e na escrita curricular, provendo a identidade docente com consciência histórica e memória do que teceu nosso tempo.

A arte é um patrimônio importante, e o acesso aos seus bens e à formação na área requer educação específica. Percorrendo dois tempos da história do ensino da arte nas escolas pude verificar que os paradigmas sobre a produção artística da criança e do jovem se transformam, e tais ideias são regidas, entre outros fatores, pelos conceitos, procedimentos e valores ordenados tanto pela arte como pela educação de cada época e, ainda, pelo fluxo entre as concepções dos diferentes momentos. Estudar o passado da arte/educação por intermédio da mentalidade do nosso tempo nos situa em relação aos períodos precedentes, sabendo que as tendências pedagógicas e artísticas contemporâneas serão outras no futuro, mas, certamente, entremeadas das atuais, donde se conclui que é importante conhecer o passado para avançar.

O aluno da escola contemporânea é considerado em sua singularidade; constrói conhecimento interagindo com arte. A lógica das crianças e dos jovens é expressa em seus modos de aprender e orienta o ensino na área. Concebe-se o aluno como epicentro das ações em uma escola com foco nas aprendizagens, na qual se desperta a curiosidade pelo saber e se ensina sobre a necessidade e o valor do aprender autoral. Esse aluno, espera-se, estará mobilizado e motivado para a arte durante e após sua vida escolar. O professor tem, junto a ele, o papel de promotor das aprendizagens na área, orientador dos percursos do fazer artístico e da compreensão dos conteúdos. O aluno interage com os trabalhos artísticos dos pares e da produção social e histórica da arte.

Na escola renovada os alunos foram o centro das atividades e eram incentivados à ação, à criatividade e à realização de descobertas. O modelo didático considerou o desenvolvimento natural e a arte espontânea e universal das crianças e dos jovens. Os aspectos psicológicos foram muito relevantes na interação do professor com os alunos e na observação das suas criações. Lowenfeld propôs que houvesse equilíbrio entre o pensar, o sentir e o perceber nas atividades artísticas. No currículo moderno, raramente se definiram previamente conteúdos a serem ensinados. Na maioria das orientações, eles emergiam durante a aula com indicações do professor, sempre orientadas à manutenção da livre expressão. Os arte-educadores modernistas consideraram o conhecimento na perspectiva da criança, nos seus modos de fazer e interpretar sua própria arte, proveniente de um novo olhar orientado à infância que promoveu uma mudança significativa na arte/educação. Ao professor de arte coube o papel de incentivador do percurso artístico de cada criança, mobilizando seu potencial criador e promovendo a livre expressão.

O aluno moderno não foi alinhado aos artistas pelos autores de forma explícita como no contemporâneo. Na modernidade se concebeu uma criança ativa, cuja expressão artística era de natureza endógena. Tal visão seguiu no contemporâneo, mas foi acrescida da ideia de que o aprendiz pode interagir com a arte adulta e com a dos colegas para aperfeiçoar a sua, que continuará sendo genuína sem ser alienada das informações artísticas do meio. Portanto, há uma presença de fatores exógenos associados aos endógenos nas criações.

No construtivismo contemporâneo compreende-se a aprendizagem em arte como ação de resolução de problema e de descoberta. Tanto na arte/educação moderna quanto na contemporânea a experiência é imprescindível ao aprender. Nela, a situação de aprendizagem se define em relação a cada aprendiz, nada está pronto, o aluno precisa saber mobilizar seus conhecimentos e usá-los para descobrir e/ou solucionar problemas sem respostas previamente determinadas. Ressalta-se que, na contemporaneidade, os problemas muitas vezes são colocados pelos professores para que os alunos reflitam sobre conteúdos e fenômenos, que podem ter como ponto de partida a arte e/ou seu sistema, sem se restringirem apenas àquilo que os estudantes criaram em seus trabalhos ou problematizaram, por si, em situações autoestruturadas.

O "aprender a aprender", objetivo suficiente para a arte/educação modernista, foi ressignificado na contemporânea, pois se acredita que o aprendiz precisa dominar conteúdos da área de arte articulados às práticas sociais, ou seja, às ações dos profissionais que fazem e pensam sobre arte na sociedade, para que possa seguir aprendendo por si. Ensinar o aluno a aprender e a seguir estudando, reconhecendo-se como alguém em constante formação, é proposição da contemporaneidade não alcançada pela modernidade e um dos focos da crítica à livre expressão modernista.

Entre os autores da arte/educação estudados, encontramos artistas, pesquisadores e professores que deram aula de arte a crianças e jovens, formaram professores em universidades e, ainda, realizaram um trabalho de difusão das ideias da livre expressão ou das práticas do ensino contemporâneo de arte. No caso dos pensadores da modernidade, a comunicação das novas ideias dirigia-se, principalmente, aos pais, professores e adultos interessados no tema, com o objetivo de levar até eles as inovações da educação em arte e advogar sua defesa, em oposição e discordância ao ensino tradicional na área. Trabalharam com os pais e os professores para que as crianças encontrassem apoio em suas casas e nas escolas. Também objetivavam que outros educadores aderissem ao movimento da livre expressão.

Os teóricos da contemporaneidade trazem ideias inovadoras, preservam algumas concepções da modernidade e abandonam outras. Suas proposições conceituam a arte da criança e do jovem como fruto autoral que inclui conteúdos da produção social e histórica da arte. Na pós-modernidade, coube aos professores e gestores das escolas o trabalho com os familiares e a comunidade mais ampla para orientar a compreensão e a valorização da ação arte-educativa junto aos alunos. Os teóricos, professores e pesquisadores da área realizaram a difusão das ideias contemporâneas entre a comunidade acadêmica, os professores e os sistemas públicos de educação escolar.

Para os pensadores da arte/educação moderna, parar de fazer arte ou perder o vigor nessa ação no ensino fundamental ou na adolescência foi ideia recorrente, entretanto, nas práticas pós-modernas hoje em curso, pensa-se que isso pode ser mudado. Na análise dos textos, reiteramos que a estagnação é suprimida nos autores contemporâneos cujas orientações didáticas permitem ao aluno seguir sem paradas e com autoria, por efeito da inclusão da arte como conteúdo da aprendizagem. E, sobretudo, que tal princípio do aprender arte em contato com sua produção social e histórica deve ser o mesmo em todos os anos da educação básica,* ou seja, da creche ao final do ensino médio.

Creio que as explicações modernas sobre a estagnação da arte dos jovens foram relevantes, porém insuficientes e demasiadamente psicológicas e filosóficas para justificar por que os fatores que apontavam (pressão estética realista dos adultos, impedimentos internos do adolescente, currículo escolar sem foco na arte), e não outros, estagnariam por si a arte de um aluno.

Verifiquei nas imagens dos livros dos autores pós-modernos que, quando na escola se trabalha em direção às demandas reais de aprendizagem em arte junto aos adolescentes, pode-se promover, entre os jovens, uma aprendizagem sem paradas, conforme Wilson, Wilson e Hurwitz (2004). Encontrei também bons resultados e com encaminhamentos diferenciados sobre a estagnação entre arte-educadores modernos em suas aulas no caso de Lowenfeld (1961) e Stern (1965). Acredito que o diferencial que levou Lowenfeld a mostrar arte para adolescentes, aproximando-se das propostas pós-modernas, foi sua sensibilidade de educador, sua prática de artista e o seu vasto conhecimento de história da arte.

O vigor da arte infantil é tão intenso que muitos autores, mesmo pós-modernos como Wilson, Wilson e Hurwitz (2004), acreditam que não se deve levar às crianças pequenas imagens da arte, porque seu próprio imaginário supre as demandas criativas. Outros modernos, como Rhoda Kellogg (1969), centraram seus estudos nas idades iniciais da escolaridade para defender a ideia de desenvolvimento natural, cujas perdas criativas posteriores são causadas por uma sociedade que ignora as demandas da individualidade na criação e de uma educação formal, que preconiza o aspecto intelectual, o naturalismo e o maneirismo na arte dos jovens.

Verifiquei indícios do contemporâneo no moderno e propostas coincidentes entre os dois períodos ao analisarmos seus componentes curriculares, assim como superações e inovações em relação ao moderno no contemporâneo. Reitero que, na leitura dos itens representativos dos dois períodos, verifiquei um leito bem delineado à atualidade na arte/educação moderna. Desse modo, os arte-educadores pós-modernos não deram as costas à arte/educação modernis-

---

* Educação básica conforme está descrito no documento das Diretrizes Curriculares Nacionais da Educação Básica (BRASIL, 2013).

ta como fizeram os modernos em relação à educação tradicional baseada no modelo de ensino da arte acadêmica.

Confirmou-se a importância da escolha feita de dar foco à modernidade destacando o trabalho de Viktor Lowenfeld, autor-chave desta investigação e análise, pois o trabalho mostrou que ele foi e é uma referência indiscutível para efetivar a compreensão das consonâncias e dissonâncias entre os tempos distintos da arte/educação aqui estudados – ele é citado e comentado por muitos autores pós-modernistas que analisei, e isto não ocorre na mesma proporção com os modernos estudados.

A presença da arte/educação modernista foi encontrada na contemporânea, mesmo quando negada textualmente por alguns autores que pretendiam transparecer a ideia de inovação e ruptura com o passado.

Por um lado, com este estudo e investigação, conseguiu-se adentrar e desconstruir parte das teorias modernas da arte/educação, ou seja, verificar aspectos hoje ultrapassados; por outro, em relação a esses aspectos, não foi desconsiderado o valor de inovação que tiveram em sua época. Sabe-se que olhamos o passado com lentes de intérprete, portanto, o reconstruímos. Neste livro, a aproximação do passado foi feita com busca de objetividade e com consciência de que a singularidade e a experiência de quem investiga marcam a leitura das ideias de outros. É bom reiterar que parte das proposições firmadas pelos arte-educadores modernistas ainda tem alcances. No Brasil, isso tem expressão nas salas de aula, nas ações formativas de professores, nos currículos, nos documentos nacionais de orientação curricular, como os Parâmetros Curriculares Nacionais (BRASIL, 1996b, 1997, 1998a, 1998b), as Diretrizes Curriculares Nacionais da Educação Básica (BRASIL, 2013) e a Lei de Diretrizes e Bases da Educação Nacional, a Lei n° 9.394/96, LDB (BRASIL, 1996a). Espera-se que se concretizem na implementação da Base Nacional Curricular Comum, a ser feita nos próximos anos.

Portanto, na formação dos professores e nos desenhos curriculares, hoje, acredita-se que a apropriação de teorias e das práticas da arte/educação em sua historicidade é aspecto fundamental para que os professores possam promover a aprendizagem em arte nos âmbitos do fazer e do compreender.

Conhecer cada pensador aqui estudado, penetrando profundamente no universo por ele produzido, significou para mim um ato da mesma natureza que acompanhar o conjunto das poéticas de um artista. Trazer os textos da arte/educação produzidos no modernismo e no pós-modernismo, analisando-os e refletindo sobre eles, foi a forma que priorizei para neles adentrar e dá-los a conhecer, verificando as hipóteses e as perguntas que foram levantadas no início desta investigação. Tive nesse caminho as marcas de minhas práticas, meus estudos, minhas pesquisas e minhas produções de textos ao longo da vida profissional para guiar o percurso investigativo. Assim sendo, espero que o livro possa contribuir para a ampliação do olhar sobre as práticas e os fundamentos da arte/educação no âmbito da educação escolar.

REFERÊNCIAS

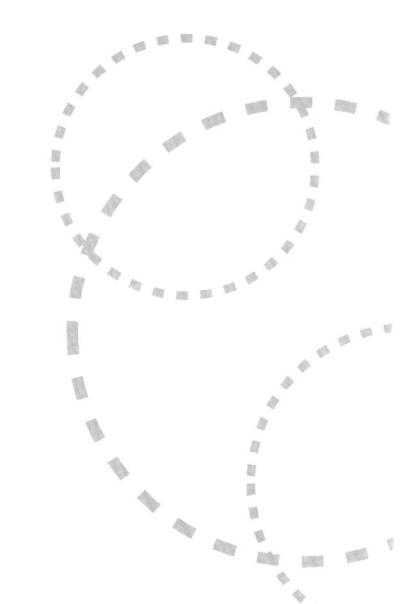

ARGAN, G. C. *Arte moderna*. São Paulo: Companhia das Letras, 1992.

ARNHEIM, R. *Arte y percepción visual:* psicología de la visión creadora. 4. ed. Buenos Aires: Editorial Universitária de Buenos Aires, 1971.

AUSUBEL, D. H.; NOVAK, J. D.; HANESIAN, H. *Psicologia educacional*. Rio de Janeiro: Interamericana, 1970.

BARBOSA, A. M. T. B. *A imagem no ensino da arte*. São Paulo: Perspectiva, 1991.

BARBOSA, A. M. T. B. *Arte-educação no Brasil*. 2. ed. São Paulo: Perspectiva, 1986.

BARBOSA, A. M. T. B. *John Dewey e o ensino da arte no Brasil*. 3. ed. São Paulo: Cortez, 2001a.

BARBOSA, A. M. T. B. Lowenfeld: uma entrevista autobiográfica. *Revista Imaginar*, n. 37, p. 22-31, 2001b.

BARBOSA, A. M. T. B. O Teachers College e sua influência na modernização da educação do Brasil. *Revista Gearte*, v. 1, n. 1, abr. 2014. Disponível em: <http://seer.ufrgs.br/index.php/gearte/article/view/46544/31235>. Acesso em: 1 maio 2014.

BARBOSA, A. M. T. B.; SALES, H. M. (Org.). *III simpósio internacional sobre o ensino da arte e sua história*. São Paulo: MAC/USP, 1990.

BRASIL. Lei nº 5.692, de 11 de agosto de 1971. Fixa diretrizes e bases para o ensino de 1º e 2º graus, e dá outras providências. *Diário Oficial da União*, Brasília, DF, 12 ago. 1971. Disponível em: <http://www.planalto.gov.br/ccivil_03/leis/l5692.htm>. Acesso em: 19 jul. 2013.

BRASIL. Lei nº 9.394, de 20 de dezembro de 1996. Estabelece as diretrizes e bases da educação nacional. Diário Oficial da União. Brasília, DF, 23 dez. 1996a. Disponível em: < http://www.planalto.gov.br/ccivil_03/leis/L9394.htm>. Acesso em: 20 jan. 2017.

BRASIL. Ministério da Educação. Secretaria de Educação Básica. Secretaria de Educação Continuada, Alfabetização, Diversidade e Inclusão. Conselho Nacional de Educação. *Diretrizes curriculares nacionais da educação básica*. Brasília: Ministério da Educação, 2013.

BRASIL. Ministério da Educação. Secretaria do Ensino Fundamental. *Parâmetros curriculares nacionais*: arte. Brasília: Ministério da Educação e Desporto, 1997.

BRASIL. Ministério da Educação. Secretaria de Educação Fundamental. *Parâmetros curriculares nacionais*: arte para o ensino fundamental (1º e 2º ciclos). 2. ed. Brasília: MEC, 2000.

BRASIL. Ministério da Educação. Secretaria de Educação Fundamental. *Parâmetros curriculares nacionais*: introdução aos parâmetros curriculares nacionais (3º e 4º ciclos). Brasília: MEC, 1998a.

BRASIL. Ministério da Educação. Secretaria de Educação Fundamental. *Parâmetros curriculares nacionais*: temas transversais. Brasília: MEC, 1996b.

BRASIL. Ministério da Educação. Secretaria de Educação Fundamental. *Parâmetros curriculares nacionais:* terceiro e quarto ciclos do ensino fundamental: arte. Brasília: Ministério da Educação e Desporto, 1998b.

BRASIL. Ministério da Educação e do Desporto. Secretaria de Educação Fundamental. *Referencial curricular nacional para a educação infantil*. Brasília: MEC, 1998c. 3v.: il.

CAMBIER, A. Les aspects génétiques et culturels. In: WALLON, P.; CAMBIER, A.; ENGELHART, D. *Le dessin de l'enfant*. Paris: Presses Universitaires de France, c1990.

CASTORINA, J. A. Psicogênese e ilusões pedagógicas. In: CASTORINA, J. A. et al. *Psicologia genética*: aspectos metodológicos e implicações pedagógicas. Porto Alegre: Artes Médicas, 1988. p. 45-57.

CHAMBOULEYRON, R. Jesuítas e as crianças no Brasil quinhentista. In: DEL PRIORE, M. (Org.). *História das crianças no Brasil*. São Paulo: Contexto, 1999 p. 55-83.

CIŽEK, F. *Children's coloured paper work*. Viena: Anton Schroll, 1910.

COLA, C. P. *Ensaio sobre desenho infantil*. Vitória: Edufes, 2014.

COLL SALVADOR, C. *Psicologia e currículo:* uma aproximação psicopedagogica a elaboração do currículo escolar. São Paulo: Ática, 1997.

DELVAL, J. A. *Introdução à prática do método clínico*: descobrindo o pensamento das crianças. Porto Alegre: Artmed, 2002.

DEWEY, J. *Art as experience*. New York: Minton, Balch & Company, 1934.

DEWEY, J. *Arte como experiência*. São Paulo: Martins Fontes, 2010.

DEWEY, J. *El arte como experiencia*. Buenos Aires: Fondo de Cultura Economica, [1949].

REFERÊNCIAS

DEWEY, J.; BARNES, A. C. *Art and education*. Merion: Barnes Foundation Press, 1929.

DOBBS, S. M. *The DBAE handbook*: an overview of discipline-based art education. Santa Monica: The Getty Center for Education in the Arts, 1992.

DUARTE, H. de Q. *Escolas-classe, escola-parque*: uma experiência educacional. São Paulo: FAU-USP, 1973.

DUVE, T. de. *Fazendo a escola (ou refazendo-a?)*. Chapecó: Argos, 2012.

EDUCADORES brasileiros: Anísio Teixeira, Lourenço Filho e Fernando de Azevedo. Apresentação de Diana Gonçalves Vidal. Produção de ATTA, mídia e educação. 1 DVD. São Paulo: Paulus, 2006.

EFLAND, A. D. *A history of art education: intellectual and social currents in teaching the visual arts*. New York: Teachers College, c1990.

EFLAND, A. D. *Art and cognition*: integrating the visual arts at the curriculum. New York: Teachers College Press, c2002.

EISNER, E. W. *Educating artistic vision*. New York: Macmillan, [1972].

EISNER, E. W. *El arte y la creación de la mente:* el papel de las artes visuales en la transformación de la conciencia. Barcelona: Paidós, 2004.

EISNER, E. W. *The arts and the creation of mind*. New Haven: Yale University Press, 2002.

EISNER, E. W. What education can learn from the arts: Lowenfeld Lecture. *NAEA News*, Mar. 2008. Disponível em: <http://www.arteducators.org/news/what-education-can-learn-from-the-arts>. Acesso em: 28 set. 2013.

ENCYCLOPEDIA OF AUSTRIA. *Aeïou encyclopedia:* Myrbach, Felician, Freiherr von Rheinfeld. [S.l.: Encyclopedia of Austria, 2017]. Disponível em: <http://www.aeiou.at/aeiou.encyclop.m/m997452.htm;internal&action=_setlanguage.action?LANGUAGE=en>. Acesso em: 14 ago. 2014.

ENG, H. *The psychology of children's drawings:* from the first stroke to the coloured drawing. London: Kegan Paul, Trench, Trubner, 1931.

FARIA, A. L. G. de. A contribuição dos parques infantis de Mario de Andrade para a construção de uma pedagogia da educação infantil. *Educação & Sociedade*, ano 20, n. 69, p. 60-91, dez. 1999. Disponível em: <http://www.scielo.br/pdf/es/v20n69/a04v2069.pdf>. Acesso em: 9 set. 2013.

FELDMAN, D. H. Developmental psychology and art education: two fields at the crossroads. In: SMITH, R. A. (Org.). *Discipline based art-education*: origins, meaning and development. Urbana: University of Illinois Press, 1989. p. 243-257.

FERRAZ, H. C. de T.; FUSARI, M. F. de R e. *Metodologia do ensino da arte*. 2· ed. São Paulo: Cortez, 2009.

FERREIRA JR., A.; BITTAR, Marisa. Pluralidade linguística, escola do bê-á-bá e teatro jesuítico no Brasil do século XVI. *Educação & Sociedade*, v. 25, n. 86, p. 171-195, abr. 2004. Disponível em: <http://www.scielo.br/scielo.php?pid=S0101=73302004000100009-&scriptsci_arttext>. Acesso em: 15 fev. 2015.

FERREIRO, E.; TEBEROSKY, A. *A psicogênese da língua escrita*. Porto Alegre: Artes Médicas, 1986.

FERREIRO, E.; TEBEROSKY, A. *Literacy, before schooling*. Exeter: Heinemann Educational Books, 1982.

GADOTTI, M. *História das idéias pedagógicas*. 7. ed. São Paulo: Ática, 1999.

GARCÍA, R. Criar para compreender: a concepção piagetiana do conhecimento. In: TEBEROSKY, A.; LANDSMANN, L. T. (Dir.). *Substratum*: temas fundamentais em psicologia e educação. Porto Alegre: Artes Médicas, 1997. p. 47-55. (Cem anos com Piaget, v. 1, n. 1).

GARCÍA, R. *O conhecimento em construção*: das formulações de Jean Piaget à teoria de sistemas complexos. Porto Alegre: Artmed, 2002.

GHIRALDELLI JR., P. *História da educação*. 2. ed. rev. São Paulo: Cortez, 1994.

GOODMAN, N. *Linguagens da arte*: uma abordagem a uma teoria dos símbolos. Lisboa: Gradiva, 1976.

GOODMAN, N. *Modos de fazer mundos*. Porto: Asa, 1995.

GOODNOW, J. *Desenho de crianças*. Lisboa: Moraes, 1979.

GUILFORD, J. P. Creativity. *American Psychologist*, v. 5, n. 9, p. 444-454, 1950.

GUILFORD, J. P. *General psychology*. New York: Van Nostrand, 1939.

HALL, S. *A identidade cultural na pós-modernidade*. 11. ed. Rio de Janeiro: DP&A, 2006.

HOLANDA, S. B. de. *Raízes do Brasil*. São Paulo: Companhia das Letras, 1998.

HOUSEN, A. O olhar do observador: investigação, teoria e prática. In: FRÓIS, J. P. (Coord.). *Educação estética e artística*: abordagens transdisciplinares. 2. ed. Lisboa: Fundação Calouste Gulbenkian, 2011. p. 149-170.

HOUSEN, A. *The eye of the beholder*: measuring aesthetic development. 1983. Dissertation (Doctor of Education)–Faculty of Graduate School of Education, Harvard University, Cambridge, 1983.

REFERÊNCIAS

IAVELBERG, R. O ensino de arte na educação no Brasil. *Revistausp*, n. 100, p. 47-56, dez./jan./fev. 2013-2014,

IAVELBERG, R. O museu como lugar de formação. In: ARANHA, C. S. G.; CANTON, K. (Org.). *Espaços de mediação:* a arte e seus públicos. São Paulo: MAC, 2013.

IAVELBERG, R. *Para gostar de aprender arte*: sala de aula e formação de professores. Porto Alegre: Artmed, 2003.

IAVELBERG, R.; GRINSPUM, D. Museu, escola: espaços de aprendizagem em artes visuais. In: CONGRESSO NACIONAL DA FEDERAÇÃO DE ARTE/EDUCADORES DO BRASIL, 14., 2014, Ponta Grossa. *Anais...* Ponta Grossa: FAEB, 2014. CD-ROM.

ITAÚ CULTURAL. Enciclopédia Itaú Cultural: Manuel Dias de Oliveira. São Paulo: Itaú Cultural; c2017. Disponível em: <http://enciclopedia.itaucultural.org.br/pessoa23864/manuel-dias-de-oliveira>. Acesso em: 7 nov. 2009.

IVALDI, E. Educacíon, arte y creatividad en las infancias del siglo XXI. In: SARLE, P.; IVALDI, E.; HERNÁNDEZ, L. (Coord.) *Arte, educación, primera infância*: sentidos y experiencias. Madrid: OEI, 2014. p. 11-27. Disponível em: <http://www.oei.es/noticias/spip.php?article14713>. Acesso em: 4 jan. 2015.

KELLOGG, R. *Analyzing children's art*. Palo Alto: Mayfield, 1969.

KELLY, D. D. *Uncovering the history of children's drawing and art*. Wesport: Praeger, 2004.

KUDIELKA, R. Paul Klee y la "saga del infantilismo". In: KLEE, P.; GISBOURNE, M. *Paul Klee*: la infancia en la edad adulta. Catálogo. Las Palmas de Gran Canaria: CAAM, 2007. p. 33-69.

LANGER, S. *Sentimento e forma*. São Paulo: Perspectiva, 1980.

LESHNOFF, S. K. Viktor Lowenfeld: portrait of a young art teacher in Vienna in the 1930s. *Studies in Art Education*, v. 54, n. 2, p. 158-170, 2013.

LOWENFELD, V. *A criança e sua arte*: um guia para os pais. 2. ed. São Paulo: Mestre Jou, 1977.

LOWENFELD, V. *Desarrollo de la capacidad creadora:* vols 1 e 2. Buenos Aires: Kapelusz, 1961.

LOWENFELD, V. *Creative and mental growth*. New York: Macmillan, 1947.

LOWENFELD, V. *Speaks on art and creativity*. Virginia: NAEA, 1968.

LOWENFELD, V. *Speaks on art and creativity*. 2. ed. Virginia: NAEA, 1981.

LOWENFELD, V. *The nature of creativity*. 2. ed. London: Routledge & Kegan Paul, 1959.

LOWENFELD, V.; BRITTAIN. W. L. *Desenvolvimento da capacidade criadora*. São Paulo: Mestre Jou, 1977.

LUQUET, G-H. *O desenho infantil*. Porto: Civilização, 1969.

MICHAEL, J. A. (Ed.). *The Lowenfeld lectures*: Viktor Lowenfeld on art education and therapy. University Park: Pennsylvania State University Press, 1982.

MACEDO, L. de. *Ensaios pedagógicos*: como construir uma escola para todos. Porto Alegre: Artmed, 2004.

MACEDO, L. de. *Ensaios construtivistas*. 2. ed. São Paulo: Casa do Psicólogo, 1994.

MACHADO, N. J. *Cidadania e educação*. 2. ed. São Paulo: Escrituras, 1997. (Ensaios transversais, 1)

MANACORDA, M. A. *História da educação:* da antiguidade aos nossos dias. 6. ed. São Paulo: Cortez, 1997.

MARCÍLIO, M. L. *História da escola em São Paulo e no Brasil*. São Paulo: Imprensa Oficial do Estado de São Paulo, 2005.

MARINO, D. *O desenho da criança*: psicologia do desenho da criança. São Paulo: Ed. do Brasil, 1957.

MATTHEWS, J. *Drawing and painting*: children and visual representation. London: Paul Chapman, 2003.

MATTHEWS, J. *El arte de la infancia y de la adolescencia*: la construcción del significado. Barcelona: Paidós, 2004.

MATTHEWS, J. *The art of childhood and adolescence*: the construction of meaning. London: Falmer Press, 1999.

MEAD, M. *Coming of age in Samoa:* a psychological study of primitive youth for western civilization. New York: William Morrow e Company, 1928. Disponível em: <https://archive.org/details/comingofageinsam00mead>. Acesso em: 24 out. 2014.

MEREDIEU, F. Le dessin d'enfant. Éd. rev. augm. Paris : Blusson, 1990.

MÈREDIEU, F. de. *O desenho infantil*. São Paulo: Cultrix, 1979.

MEIRIEU, P. *Aprender ... sim, mas como*? 7. ed. Porto Alegre: Artmed, 1998.

MICHAEL, J. A. (Ed.). *The Lowenfeld lectures*: Viktor Lowenfeld on art education and therapy. University Park: Pennsylvania State University Press, 1982.

REFERÊNCIAS

MICHAEL, J. A.; MORRIS, J. W. European influences on the theory and philosophy of Viktor Lowenfeld. *Studies in Art Education*, v. 26, n. 2, p. 103-110, Winter 1984. Disponível em: <http://www.jstor.org/discover/10.2307/1320566?sid=21106159178293&uid=2491452303&uid=70&uid=2491452313&uid=3&uid=2129&uid=2&uid=60&uid=3737664&uid=2134>. Acesso em: 15 mar. 2015.

MUNRO, T. *Art education, its philosophy and psychology*: selected essays. New York: Bobbs-Merrill, 1956.

MUNRO, T. Methods in the psychology of art. *The Journal of Aesthetic and Art Criticism*, v. 4, p. 225-235, mar. 1948.

NUNES, C. Anísio Teixeira entre nós: a defesa da educação como direito de todos. *Educação & Sociedade*, ano 21, n. 73, p. 9-40, dez. 2000. Disponível em: <http://www.scielo.br/pdf/es/v21n73/4203.pdf>. Acesso em: 4 out. 2013.

OTT, R. W. Ensinando crítica nos museus. In: BARBOSA, A. M. T. B. (Org.). *Arte-educação*: leitura no sub-solo. São Paulo: Cortez, 1997.

PARSONS, M. J. *Compreender a arte:* uma abordagem à experiência estética do ponto de vista do desenvolvimento cognitivo. Lisboa: Editorial Presença, 1992.

PIAGET, J. *A formação do símbolo na criança:* imitação, jogo e sonho, imagem e representação. 2. ed. Rio de Janeiro: Zahar, 1975.

PIAGET, J. *A representação do mundo na criança.* Rio de Janeiro: Zahar, 1979.

PIAGET, J. *O possível e o necessário:* evolução dos possíveis na criança. Porto Alegre: Artes Médicas, 1985. v. 1.

PIAGET, J. *O possível e o necessário:* evolução dos necessários na criança. Porto Alegre: Artes Médicas, 1986. v. 2.

PIAGET, J.; FRAISSE, P. O desenho infantil. In: PIAGET, J.; FRAISSE, P. *Tratado de psicologia experimental*. Rio de Janeiro: Forense, 1968-1969. v. 8, p. 188-224.

PIAGET, J.; INHELDER, B. *A psicologia da criança*. 13. ed. Rio de Janeiro: Bertrand Brasil, 1994.

RABELLO, S. *Psicologia do desenho infantil*. São Paulo: Companhia Editora Nacional, 1935.

READ, H. *Education through art*. London: Faber, 1943.

RICCI, C. L'arte dei bambini. Bologna: Nicola Zanichelli, 1897. Disponível em: <https://archive.org/details/lartedeibambini00riccgoog>. Acesso em: 9 fev. 2014.

ROUMA, G. *El lenguaje grafico del niño*. Buenos Aires: El Ateneo, [1947].

ROUMA, G. *Le langage graphique de l'enfant*. Paris: F. Alcan & Lisbonne, 1913.

SAFER, E. *Cižeks Lebenswerke:* die Wiener Jugendkunstklasse. [S.l: s.n., 2006]. Palestra na ISSA's Akademie für ganzheitliche Kunsttherapie, Viena, 17 nov. 2006. Disponível em: <http://www.ufg.ac.at/fileadmin/media/institute/kunst_und_gestaltung/bildnerische_erziehung/gastvortragende/061117_SAFER-Vortrag-CIZEK.pdf>. Acesso em: 18 jan. 2017.

SAVIANI, D. *As concepções pedagógicas na história da educação brasileira*. [S.l.: s.n., 2005]. Texto elaborado no âmbito do projeto de pesquisa "O espaço acadêmico da pedagogia no Brasil", financiado pelo CNPq, para o projeto "20 Anos da História da Educação Brasileira". Disponível em: <http://www.histedbr.fe.unicamp.br/navegando/artigos_frames/artigo_036.html>. Acesso em: 8 jan. 2014.

SCHAPIRO, M. *A arte moderna*: séculos XIX e XX. São Paulo: EDUSP, 1996.

SCHAPIRO, M. Courbet and popular imagery: an essay on realism and naïveté. In: SCHAPIRO, M. *Modern art*: 19th and 20th centuries. New York: George Braziller, 1979. p. 47-85.

SMITH, P. *The history of American art education*: learning about art in American schools. Westport: Greenwood Press, 1996. p. 61-65. Disponível em: <https://books.google.com.br/books?id=bJuVSxarESAC&pg=PA60&lpg=PA60&dq=SMITH,+Peter.+The+history+of+American+art+education:+learning+about+art+in+American+schools+francesca+wilson+interview&source=bl&ots=-JeMJd-1BX&sig=OPDkbQvpxbbpPjLxi0akci_nVGw&hl=pt-BR&sa=X&ved=0ahUKEwj0g_uw9s7RAhVKkZAKHeYOAMUQ6AEIGzAA#v=onepage&q=SMITH%2C%20Peter.%20The%20history%20of%20American%20art%20education%3A%20learning%20about%20art%20in%20American%20schools%20francesca%20wilson%20interview&f=false>. Acesso em: 18 jan. 2017.

SMITH, R. A. *The DBAE Literature Project*. Chicago: University of Illinois Press, [1999]. Disponível em: <https://arteducators-prod.s3.amazonaws.com/documents/444/ac1e-7558-1549-4ff6-926b-cc30a98d14fd.pdf?1452884148>. Acesso em: 21 jan. 2017.

SMITH, R. A. (Org.). *Discipline based art-education*: origins, meaning and development. Chicago: University of Illinois Press, 1989.

SOLÉ, I. Disponibilidade para a aprendizagem e sentido da aprendizagem. In: COLL, C. et. al. *O construtivismo na sala de aula*. São Paulo: Ática, 1997. p. 29-55.

STERN, A. *Aspectos y técnica de la pintura infantil*. Buenos Aires: Kapelusz, 1961.

STERN, A. *Comprensión del arte infantil*. Buenos Aires: Kapelusz, 1962.

STERN, A. *El lenguage plástico*. Buenos Aires: Kapelusz, 1965.

TAYLOR, R. *Educating for art:* critical response and development. London: Longman, c1986.

TEIXEIRA, A. *Educação não é privilégio*. 2. ed. São Paulo: Editora Nacional, 1967.

REFERÊNCIAS

TEIXEIRA, A. *Educação não é privilégio*. 5. ed. Rio de Janeiro: UFRJ, 1994.

THANET, P. W. of. *Medieval children's art*. [S.l.]: Paul W. Goldschmidt's Home Page, c2013. Disponível em: <http://www.goldschp.net/archive/childart.html>. Acesso em: 29 jan. 2015.

THE JOURNAL OF AESTHETIC EDUCATION. University of Illinois Press, v. 21, n. 2, summer 1987.

TÖPFFER, R. *Réflexions et menus propos d'un peintre genevois ou essai sur le beau dans les arts*. Paris: Libraire del L. Hachette, 1858. Capítulos XX e XXI, livre sixiéme. Tradução manuscrita de Monique Deheinzelin, agosto de 2008.

VIOLA, W. *Child art*. 2. ed. Peoria: Chas. A. Bennett, [1944].

VIOLA, W. *Child art and Franz Cižek*. Vienna: Austrian Junior Red Cross, 1936.

WICK, R. *Pedagogia da Bauhaus*. São Paulo: Martins Fontes, 1989.

WILSON, B. Mudando conceitos da criação artística: 500 anos de arte/educação para crianças. In: BARBOSA, A. M. T. B.; SALES, H. M. (Org.). *III simpósio internacional sobre o ensino da arte e sua história*. São Paulo: MAC/USP, 1990. p. 50-63.

WILSON, B.; WILSON, M. *Teaching children to draw: a guide for teachers and parents*. Englewood Cliffs: Printice Hall, 1982.

WILSON, B.; WILSON, M.; HURWITZ, A. *La enseñanza del dibujo a partir del arte*. Barcelona: Paidós, 2004.

WILSON, B.; WILSON, M.; HURWITZ, A. *Teaching drawing from art*. Worcester: Davis, 1987.

WILSON, F. *A lecture by professor Cižek*. [S.l.]: Childrens Art Exibition Fund, 1921. Disponível em: <https://www.hightail.com/download/UlRTak8xaTE4NVd5VmNUQw>. Acesso em: 19 jan. 2015.

ZABALA VIDIELLA, A. *A prática educativa:* como ensinar. Porto Alegre: Artmed, 1998.

ZANINI, W. *História geral da arte no Brasil*. São Paulo: Inst. Walther Moreira Salles, 1983. v. 1.

LEITURAS SUGERIDAS

ARENDT, H. *Entre o passado e o futuro*. 2. ed. São Paulo: Perspectiva, 1972.

ARTAUD, A. *Van Gogh*: o suicida da sociedade. Rio de Janeiro: José Olympio, 1974.

REFERÊNCIAS

BARBOSA, A. M. T. B. Arte educação no Brasil: do modernismo ao pós-modernismo. *Revista Digital Art&*, ano 1, n. 0, out. 2003. Disponível em: <http://www.revista.art.br/site-numero-00/artigos.htm>. Acesso em: 1 jul. 2014.

BORDES, J. *La infancia de las vanguardias*: sus profesores desde Rousseau a la Bauhaus. Coslada: Cátedra, 2007.

BRASIL. Lei nº 11.769, de 18 de agosto de 2008. Altera a Lei no 9.394, de 20 de dezembro de 1996, Lei de Diretrizes e Bases da Educação, para dispor sobre a obrigatoriedade do ensino da música na educação básica. *Diário Oficial da União,* Brasília, DF, 19 ago. 2008. Seção 1, p. 1. Disponível em: <http://www.planalto.gov.br/ccivil_03/_Ato2007-2010/2008/lei/L11769.htm>. Acesso em: 19 jul. 2013.

BRASIL. Lei nº 12.287, de 13 de julho de 2010. Altera a Lei no 9.394, de 20 de dezembro de 1996, que estabelece as diretrizes e bases da educação nacional, no tocante ao ensino da arte. *Diário Oficial da União,* Brasília, DF, 14 jul. 2010. Seção 1, p. 1. Disponível em: <http://www.planalto.gov.br/ccivil_03/_Ato2007-2010/2010/Lei/L12287.htm#art1>. Acesso em: 19 jul. 2013.

BRASIL. Conselho Nacional de Educação. Câmara de Educação Básica. *Parecer CNE/CEB nº 12/2013:* diretrizes nacionais para a operacionalização do ensino de música na educação básica. Brasília: Ministério da Educação, 2013. Disponível em: <http://portal.mec.gov.br/index.php?option=com_docman&task=doc_download&gid=14875&Itemid=>. Acesso em: 27 jan. 2014.

BRASIL. Ministério da Educação. Secretaria de Educação Básica. *Rede nacional de formação continuada de professores de educação básica*: orientações gerais. Brasília: Ministério da Educação, 2005. Disponível em: <http://www.oei.es/quipu/brasil/Red_Nac_form_continua.pdf>. Acesso em: 31 jan. 2014.

BRASIL. Ministério da Educação. Secretaria de Educação Fundamental. *Parâmetros em ação*. Brasília: MEC, 1999.

BRITO, R. *O moderno e o contemporâneo*: (o novo e o outro novo). Disponível em: <http://www.ufjf.br/posmoda/files/2008/07/O-novo-e-o-outro-novo.pdf>. Acesso em: 21 jan. 2017.

CHIPP, H. B. *Teorias da arte moderna*. São Paulo: Martins Fontes, 1988.

DEWEY, J. *Art as experience*. New York: Perigee, 2005.

DUARTE, H. de Q. *Escolas-classe, escola-parque*: uma experiência educacional. 2. ed. São Paulo: FAU-USP, 2009.

EFLAND, A. D.; FREEDMAN, K.; STUHR, P. *La educación en el arte posmoderno*. Barcelona: Paidós, 2003.

REFERÊNCIAS

EISNER, E. W. *El ojo ilustrado*: indagación cualitativa y mejora de la práctica educativa. Barcelona: Paidós, 1998.

EISNER, E. W. *Procesos cognitivos y curriculum*. Barcelona: Martinez Roca, 1987.

FAVARETTO, C. F. *A invenção de Hélio Oiticica*. 2. ed. São Paulo: EDUSP, 2000.

FAVARETTO, C. F. *Celso Favaretto no Itaú Cultural:* Isto é arte? Trechos da palestra do professor de filosofia Celso Favaretto gravada no Instituto Itaú Cultural em julho de 1999. Disponível em: <https://www.youtube.com/watch?v=-XG-71wqwUI>. Acesso em: 14 set. 2014.

FERREIRO, E. *Atualidade de Jean* Piaget. Porto Alegre: Artmed, 2001.

FRÓIS, J. P. (Coord.). *Educação estética e artística*: abordagens transdisciplinares. 2. ed. Lisboa: Fundação Calouste Gulbenkian, 2011.

SAVIANI, D. *História das ideias pedagógicas no Brasil*. 2. ed. São Paulo: Autores Associados, 1999.

GIL, J. Um pedagogo pode dar aulas de educação física e arte? *Gestão Escolar*, nov. 2011. Disponível em: <http://gestaoescolar.org.br/conteudo/195/um-pedagogo-pode-dar-aulas-de-educacao-fisica-e-arte >. Acesso em: 21 jan. 2017.

GOMBRICH, E. H. *A história da arte*. Rio de Janeiro: Zahar, 1985.

GRINSPUM. D. *Educação para o patrimônio*: museu de arte e escola: responsabilidade compartilhada na formação de público. 2000. Tese (Doutorado em Educação)–Faculdade de Educação, Universidade de São Paulo, São Paulo, 2000.

GRINSPUM. D. Mediação em museus e em exposições: espaços de aprendizagem sobre arte e seu sistema. *Revista Gearte,* v. 1. n. 2, p. 272-283, ago. 2014. Disponível em: <seer.ufrgs.br/index.php/gearte/article/download/52606/32633>. Acesso em: 1 set. 2014.

HADJI, C. Da "educatividade" em educação e de sua avaliação. In: *30 olhares para o futuro*. São Paulo: Escola da Vila, 2010. p. 107-117.

HARRISON, C. *Movimentos da arte moderna*: modernismo. São Paulo: Cosac Naify, 2001.

HARVEY, D. *A condição pós-moderna*. 24. ed. São Paulo: Loyola, 2013.

IAVELBERG, R. A formação de professores de arte: alcances e ilusões. In: CARVALHO, A. M. P. de. *Formação de professores*: múltiplos enfoques. São Paulo: SARANDI, 2013. p. 181-192.

IAVELBERG, R. *A leitura dos parâmetros curriculares nacionais de artes visuais na formação contínua de professores do ensino fundamental*. 1999. Tese (Doutorado em Artes)–Faculdade de Educação, Universidade de São Paulo, São Paulo, 1999.

IAVELBERG, R. *Desenho na educação infantil*. São Paulo: Melhoramentos, 2013.

IAVELBERG, R. Interações entre a arte das crianças e a produção de arte adulta. In: *Anais ANPAP*, p. 1425-1436, ago. 2008. Disponível em: <http://www.anpap.org.br/anais/2008/artigos/129.pdf>. Acesso em: 3 fev. 2015.

IAVELBERG, R. (Org.) *Lá vai Maria*: material de apoio ao professor. São Paulo: Centro Universitário MariAntonia, 2003.

IAVELBERG, R. Material didático como meio de formação: criação e utilização. In: TOZZI, D.; COSTA, M. M.; HONÓRIO, T. (Org.) *Educação com arte*. São Paulo: FDE, 2004, p. 245-65. Série Ideias, 31.

IAVELBERG, R. *O desenho cultivado da criança*: práticas e formação de professores. Porto Alegre: Zouk, 2006.

IAVELBERG, R. O desenho da criança na pesquisa moderna e contemporânea. In: ARANHA, C.; CANTON, K. (Org.). *Desenhos da pesquisa:* novas metodologias em arte. São Paulo: MAC/USP, 2012. p. 79-92.

IAVELBERG, R. O pêndulo didático. In: SILVA, D. de M. (Org.). *Interdisciplinaridade, transdisciplinaridade no estudo e pesquisa da arte e cultura*. São Paulo: Terceira Margem, 2010. p. 59-65.

IAVELBERG, R. Para criar ao ler imagens na escola de educação básica. In: NUNES, A. L. R. (Org.). *Artes visuais, leitura de imagens e escola*. Ponta Grossa: UEPG, 2012. p. 281-292.

IAVELBERG, R.; MENEZES, F. C. de. De Rousseau ao modernismo: ideias e práticas históricas do ensino do desenho. *Ars*, ano 11, n. 21, p. 80-95, dez. 2013.

IAVELBERG, R.; TRINDADE, R. G. Fazer e conhecer arte: eixos da formação do educador. In: REBOUÇAS, M. M.; GONÇALVES, M. G. D. (Org.). *Investigações nas práticas educativas da arte*. Vitória: Edufes, 2013. p. 47-58.

INSTITUTO NACIONAL DE ESTUDOS E PESQUISAS EDUCACIONAIS ANÍSIO TEIXEIRA. IDEB: resultados e metas. Brasília, 2016. Disponível em: <http://ideb.inep.gov.br/>. Acesso em: 21 jan. 2017.

JOHN Dewey. Apresentação de Marcus Vinicius da Cunha. Produção de ATTA, mídia e educação. São Paulo: Paulus, 2006. 1 DVD. (Coleção Grandes Educadores).

KANDINSKY, W. *Curso da Bauhaus*. Lisboa: Edições 70, 1987. (Coleção Arte e Comunicação).

KANDINSKY, W. *Ponto, linha e plano:* contribuição para a análise dos elementos picturais. São Pulo: Martins Fontes, 1987.

REFERÊNCIAS

KLEE, P.; GISBOURNE, M. *Paul Klee:* la infancia en la edad adulta. Catálogo. Las Palmas de Gran Canaria: CAAM, 2007.

LERNER, D. A autonomia do leitor: uma análise didática. In: *30 olhares para o futuro.* São Paulo: Escola da Vila-Centro de Formação, 2010. p. 127-142.

LOWENFELD, V. *Creative and mental growth.* 3. ed. New York: Macmillan, [1957].

LOWENFELD, V. *Your child and his art*: a guide for parents. New York: Macmillan, 1954.

MACHADO, N. J. *Epistemologia e didática*: as concepções de conhecimento e inteligência e a prática docente. São Paulo: Cortez, c1995.

NÓVOA, A. *Professores:* imagens do futuro presente. Lisboa: Educa, 2009.

OBSERVATÓRIO DO PNE. *15 – formação de professores:* porcentagem de professores do Ensino Médio que têm licenciatura na área em que atuam. Brasília, c2013. Disponível em: http://www.observatoriodopne.org.br/metas-pne/15-formacao-professores/indicadores. Acesso em: 3 dez. 2014.

PERCURSOS da arte na educação. Curadoria de Rosa Iavelberg e Eleilson Leite. Produção de Olhar Periférico Filmes. Realização de Ação Educativa. Apoio de Instituto C&A. São Paulo, [s.n.], 2014. 10 DVDs. Encarte.

PERRENOUD, P. *Ensinar*: agir na urgência e decidir na incerteza: saberes e competências em uma profissão complexa. 2. ed. Porto Alegre: Artmed, 2001.

RAMOS, N. El Olimpo. In: RAMOS, N. *Ensaio geral*: projetos, roteiros, ensaios, memória. São Paulo: Globo, 2007. p. 303-310.

READ, H. *Educação pela arte.* São Paulo: Martins Fontes, 1977.

REYT, C. *Les activités plastiques.* 2. ed. Paris: Armand Colin,1992.

ROUSSEAU, J-J. *Emílio ou da educação.* 3. ed. São Paulo: Martins Fontes, 2004.

SOARES, M. C. C. *Os processos de intercâmbio entre crianças e a aprendizagem do desenho em contextos educativos*. 2013. Dissertação (Mestrado em Pedagogia)–Faculdade de Educação, Universidade de São Paulo, São Paulo, 2013.

SULLY, J. *Études sur l'enfance.* Paris: Félix Alcan, 1898.

TASSINARI, A. *O espaço moderno.* São Paulo: Cosac & Naify, 2001.

TAVARES, M. O ensino da arte nas escolas do século XXI: entrevista com Rosa Iavelberg. *Revistapontocom*, 12 ago. 2012. Disponível em: <http://www.revistapontocom.org.br/edicoes-anteriores-entrevistas/o-ensino-da-arte-nas-escolas-do-seculo-xxi>. Acesso em: 15 jan. 2017.

THE ART STORY FOUNDATION. *Donald Judd*. New York, c2015. Disponível em: <http://www.theartstory.org/artist-judd-donald.htm>. Acesso em:10 dez. 2014.

UNIVERSIDADE FEDERAL DE SÃO PAULO. Instituto de Estudos Brasileiros: site. São Paulo, [2016]. Disponível em: <http://www.ieb.usp.br>. Acesso em: 12 jul. 2013.

VASARI, G. *The great masters*. New York: Park Lane, 1988.

VIDAL, D. G. 80 anos do Manifesto dos Pioneiros da Educação Nova: questões para debate. *Educação e Pesquisa*, v. 39, n. 3, p. 577-588, jul./set. 2013. Disponível em: < http://www.scielo.br/pdf/ep/v39n3/aop1177.pdf>. Acesso em: 5 out. 2013.

VYGOTSKY, L. S. *Pensamento e linguagem*. Lisboa: Antidoto, 1979.

WALLON, P.; CAMBIER, A.; ENGELHART, D. *Le dessin de l'enfant*. Paris: Presses Universitaires de France, 1990.

WILSON, B. Mudando conceitos da criação artística: 500 anos de arte-educação para crianças. In: BARBOSA. A. M. (Org.). Arte/educação contemporânea: consonâncias internacionais. São Paulo: Cortez, 2005.

ZEICHNER, K. M. A formação reflexiva de professores: ideias e práticas. Lisboa: Educa, 1993.